ENCONTRANDO A DIOS
en medio de
nuestros problemas

Dr. Larry Crabb, Jr.

EDITORIAL CLIE
C/ Ferrocarril, 8
08232 VILADECAVALLS
(Barcelona) ESPAÑA
E-mail: libros@clie.es
http://www.clie.es

ENCONTRANDO A DIOS EN MEDIO DE NUESTROS PROBLEMAS
Depósito Legal: B. 21871-2012
ISBN:978-84-8267-732-3
Clasifíquese: 450 - CONSEJERÍA PASTORAL
CTC: 01-05-0450-28
Referencia: 224785

Impreso en Colombia / Printed in Colombia

CONTENIDO

Introducción 5

PRIMERA PARTE - La importancia de buscar a Dios

1. Un itinerario personal 15

2. Vivir no es solo existir..................................... 21

3. Las pasiones naturales..................................... 37

4. Una pasión sobrenatural................................. 49

SEGUNDA PARTE - Los obstáculos en el descubrimiento
      de Dios

5. Un mecanismo seriamente dañado 69

6. Cuando Dios no se deja encontrar 77

7. El fundamento de la estructura caída:
   la duda acerca de Dios.................................. 87

8. ¿Por qué Dios no se deja encontrar?.................. 97

9. El fundamento de una sólida construcción:
   la confianza en Dios 105

10. Primer nivel: Os necesito 119

11. Segundo nivel: Os odio 129

12. Tercer nivel: Me odio 135

13. Cuarto nivel: Quiero sobrevivir 145

14. Quinto nivel: He aquí como sobreviviré........ 157

TERCERA PARTE - El camino hacia Dios

15. Las tinieblas antes de la luz 167

16. Los errores más frecuentes......................... 175

17. Nuestras buenas pasiones son demasiado
    débiles... 181

18. La naturaleza de las pasiones buenas y malas:
    contrarrestar las malas y dar vía libre
    a las buenas 191

19. Contar la historia de nuestra vida 201

20. Historias que molestan y que atraen 219

21. De vuelta a casa..................................... 231

Epílogo 237

Guía para la meditación 239

INTRODUCCIÓN

Lo fundamental no es resolver los problemas

George MacDonald comenzó un día una de sus predicaciones con las siguientes palabras: "Si no logro convenceros de intentar conocer un poco más a Jesucristo, habré perdido mi tiempo viniendo aquí. Si no consigo ayudar a tan solo un ser humano a acercarse al Dios vivo, mi trabajo habrá sido en vano."

Siguió planteando la pregunta: "¿Se os ha ocurrido alguna vez que estáis en la tierra únicamente para entender al Señor Jesucristo y nada más?"

Mi deseo pues, en este libro, es buscar el camino que nos acerca a Dios. Si tuviera que escribir esto dentro de veinte años, sin duda lo haría mucho mejor. Sin embargo, tengo la convicción de que vale la pena relatar las experiencias a medida que las experimento en mi caminar hacia Dios. Un doctorado en física no suele pensar en las matemáticas que aprendió en el colegio, pero no porque las bases matemáticas no se adapten a su nueva situación, sino porque las asimiló perfectamente y no necesita volver a estudiarlas.

Si ya estáis comiendo alimentos espirituales con los que yo me rompería los dientes, todavía demasiados frágiles, pero que para vosotros son un manjar que yo desconozco, este libro os traerá posiblemente a la memoria unos recuerdos pasados y os animará al haceros apreciar todo el camino por el que Dios ya os ha llevado.

Si estáis todavía luchando por aprender los principios elementales de las verdades cristianas, os invito a escrutar el horizonte. No os avergoncéis del punto en el que estáis. Soñad un poco. Imaginad dónde os quiere conducir el Espíritu de Dios. Puede ser que os haga saltar una etapa, pero no es lo más probable. Aprended todo lo que el Maestro por excelencia os enseña. Depositad en él toda vuestra confianza para guiaros infaliblemente mediante un programa hecho a medida que, después de muchos desánimos y fracasos, os cualificará para recibir un día vuestro diploma de la mano de Cristo mismo. Estamos aquí para conocer al Señor Jesucristo. Nuestra vida no tiene otra razón de ser.

Encontrar a Dios o encontrarnos a nosotros mismos

El mundo actual ha sustituido la búsqueda de Dios por la búsqueda del yo. Amarse a uno mismo ha llegado a ser la virtud más noble, y odiarse a uno mismo, el pecado más grave.

Todo esto empezó de forma inocente. La iglesia tomó conciencia del terrible sufrimiento de sus miembros, sufrimiento que aprisionaba su alma en la opacidad de una densa niebla, privándoles del luminoso calor y del gozoso conocimiento de

Cristo. La iglesia tuvo que reconocer el hecho más bien vergonzoso de que los discípulos de Cristo, quienes de entre todos los pueblos de la tierra habrían tenido que ser los más felices, eran a menudo miserables, y estaban estresados e insatisfechos, al no amar a Dios ni al prójimo ni a ellos mismos.

En nuestra búsqueda de explicaciones, hemos descubierto que las heridas recibidas en nuestra infancia son profundas y que el tiempo no siempre las cura. Las actividades normales de la comunidad cristiana, a saber: ir a la iglesia, estudiar la Biblia y orar, no constituyen un remedio suficiente. A pesar del gozo de la comunión fraternal, muchas personas se sienten desesperadamente solas, se odian a sí mismas amargamente y sufren terriblemente al comprobar su fracaso: cuanto más se esfuerzan en hacer lo correcto, menos lo logran.

Según cierta escuela de pensamiento, el hecho de sentirse herido y querer sentirse mejor es egoísmo. Los que así piensan alertan contra la preocupación por uno mismo y contra la influencia corruptora de la psicología. Defienden que los esfuerzos para entender el mecanismo de nuestras pasiones y de nuestros deseos no son más que una concesión impía a la psicología "pagana". Declaran además que querer curar las heridas personales y volver a encontrar sentido en una legítima identidad es una sandez y, además, una sandez humanista peligrosa.

¡Estas personas están equivocadas! Unas fuerzas poderosas, engañosas y dolorosas actúan en nosotros y claman su necesidad de ser comprendidas, examinadas y procesadas. Cuando obedecemos a Dios solo por deber, ahogando nuestros sentimientos de sufrimiento y de confusión, nos perdemos una experiencia fundamental en nuestra relación con Cristo. La convicción inquebrantable de toda la suficiencia de Cristo y de su Palabra no significa que debamos reprimir nuestros malos recuerdos o nuestras heridas profundas. El Señor nos invita a venir a él tal como somos, sin aparentar, con los sufrimientos reales que experimentamos, con nuestra ira, que reconocemos honestamente y con el profundo deseo de ver nuestra alma colmada por un alimento que satisface plenamente.

Afortunadamente, muchos son los que han oído la invitación del Señor de venir a él tal como son, incluido ese dolor que no desaparece en su interior. Más que nunca, la Iglesia es consciente de que sus miembros padecen. Sin embargo, si bien esta sensibilidad es bienvenida, ha traído consigo consecuencias nefastas. En vez de acercarnos a Dios y liberarnos para que podamos tener una mayor preocupación para con los demás, esta sensibilidad nos ha hecho más conscientes del deseo intenso que tenemos de sentirnos mejor con *nosotros mismos* y más determinados a encontrar los medios para alcanzar este fin. El foco ha sido pues dirigido hacia el hombre como ser abusado, herido, dependiente; se le otorga a Dios un mero papel de superpoder, relegándole a algún lugar entre bastidores, haciéndole esperar para que entre cuando le toque para sanar las heridas de su criatura y hacer que sea nuevamente capaz de llevar una vida responsable.

Ha llegado a ser más importante para el hombre sentirse mejor que encontrar a Dios

La misión central de la Iglesia consiste de ahora en adelante en ayudar al hombre para que se sienta amado y valorado. Se enseña en su seno no a adorar a Dios, en una costosa auto-abnegación, sino a acoger al niño que se esconde en nosotros, a sanar nuestros recuerdos, a triunfar sobre nuestras dependencias, a superar la depresión, a mejorar nuestra auto-imagen, a establecer fronteras de protección personal, a sustituir el odio contra uno mismo por amor hacia uno mismo y a liberarnos de la vergüenza asumiendo plena y abiertamente lo que somos.

La iglesia dedica una gran parte de su energía a liberar al hombre de su sufrimiento. Esta constatación es alarmante. Por supuesto, el Evangelio nos colma otorgándonos una nueva identidad y nos permite gozar de ella, pero nos propone descubrir y poner en práctica valores superiores a la aceptación de uno mismo; nos llama a poner la otra mejilla, a estimar a los demás como superiores a nosotros mismos, a recorrer una segunda milla, a soportar el rechazo y la persecución, a vivir no para los placeres de este mundo sino teniendo en perspectiva la vida futura y a agarrarnos a las promesas de Dios cuando no sentimos su bondad. Ahora bien, estos nobles valores que transforman a los hombres y a las mujeres en seres de los cuales el mundo no es digno (Heb 11.38) no gozan de un gran favor hoy día.

En nuestros días, nos preocupa más el deseo de aliviar el sufrimiento que emana de nuestras dificultades que luchar con determinación para conocer la naturaleza de Dios y sus designios. *Ha llegado a ser más importante para el hombre sentirse mejor que encontrar a Dios.* Peor todavía: estamos convencidos de que las personas que han encontrado a Dios se sienten siempre mejor.

Por tanto, nos aferramos piadosamente a las ideas bíblicas que nos animan a sentirnos amados y aceptados, y pasamos por alto los textos bíblicos que nos llaman a una mayor consagración. Hemos llegado a ser maestros en el arte de deformar las verdades relativas a nuestra aceptación por Dios, a su amor redentor y a nuestra nueva identidad en Cristo. Empleamos estas verdades para valorarnos en vez de considerarlas como lo que son realmente: la revelación deslumbrante de un Dios suficientemente generoso como para amar a personas que le odiaban, de un Dios digno de ser honrado por encima de todo ser y de toda cosa.

Nuestra alabanza a Dios se parece a la propina que le dejamos al camarero que se mostró atento con nosotros. Tenemos la expectativa de ser tratados bien; ahora bien, por supuesto, un servicio excepcional se merece un agradecimiento especial. Y Dios ciertamente cumple con estas condiciones: pagó caro para alimentar nuestra alma y consolidar nuestra estima. Por lo que le gratificamos con una propina consecuente, con la que tenemos la sensación de ser generosos y nobles; a su vez, lo imaginamos pletórico de felicidad al oírnos proclamarle: "¡Bien hecho! Nos has servido divinamente!"

Sin embargo, esta manera de actuar va a contra corriente de la que correspondería a la realidad. Hemos vuelto a organizar las cosas para que Dios sea digno de honor *porque* él nos ha honrado. Si clamamos "¡Digno es el Cordero!", no lo hacemos más como una respuesta a su maravillosa gracia, sino porque nos ha devuelto lo que nos importa más que todo: la capacidad para amarnos a nosotros mismos. *De ahora en adelante, nuestra persona es más importante que Dios.*

Un tercer camino

Dos opciones se presentan, parece, a los cristianos de nuestros días en su manera de vivir su vida: o bien evaluamos hasta qué punto nuestra alma ha sido herida y aprendemos a recibir el remedio divino, o bien obedecemos a Dios como a un padre severo, despiadado, sin decirle nunca hasta qué punto sufrimos. Así, nuestras heridas o bien son el centro de todo, o bien son soslayadas y no debemos siquiera mencionarlas.

Necesitamos un tercer camino por donde conducir nuestra vida, un camino que asocie a una profunda sensibilidad por nuestras luchas más íntimas una convicción de que existe algo más importante que lo que sentimos. Es sano hacer frente al sufrimiento que atenaza nuestra alma, sentirnos mal cuando los demás violan nuestra dignidad, admitir honestamente hasta qué punto anhelamos ser amados, valorados y aceptados tal como somos. Pero, incluso cuando lo hacemos, debemos recordar que la razón de ser de la fe cristiana no radica en nosotros sino en Dios, que cuida de nosotros.

Dios no tiene que contestar a cada una de nuestras necesidades. No es el camarero que, al menor chasquido de dedos, sale corriendo de la cocina celestial con una bandeja cargada con alimentos para llenar nuestro estómago hambriento. Cristo nos rescató con su sangre e hizo de nosotros un pueblo de sacerdotes al servicio de Dios (Ap 5.9-10). Existimos para *él* y no la inversa.

Sin embargo, el hecho de inclinarnos ante Dios, de vivir para agradarle a él antes que a nosotros mismos, no hace de nosotros esclavos cuyos estados de ánimo no importan para nada. Dios se preocupa de nuestras heridas. Desea que gocemos de nuestra nueva identidad de hombres y mujeres únicos, perdonados, valiosos, a los que se ha encomendado una importante misión. Lo que sentimos, cómo hemos sido tratados, lo que hacemos, por qué lo hacemos – todo es importante en nuestra vida. Somos actores de primera fila en el gran drama cósmico que Dios ha escrito y que dirige; no estamos equivocados si nos preocupa cómo salir adelante.

Pero Dios cuenta más. Nos invita a entrar en relación con él según las condiciones que él estableció. Nos invita a asociarnos con él en el cumplimiento de su gran meta: el triunfo completo del bien sobre el mal y la reconciliación de todas las cosas en Cristo. En resumen, nos invita a descubrirlo. Y nos revela que al encontrarlo nos encontraremos también a nosotros mismos.

No bastará, por cierto, decir solo de boquilla que la búsqueda de Dios es un objetivo más importante que la resolución de nuestros problemas. De algún modo, es preciso que esta meta contagie nuestro corazón, como el cáncer invade poco a poco el cuerpo, destruyendo todo a su paso. Si la realidad de Dios no sobrepasa cualquier otra realidad, si no nos sentimos movidos a conocerlo con una pasión que no tenemos para nadie ni para nada, no podremos explotar las dificultades de la vida como un estímulo para encontrar a Dios. Si nuestra pasión en la búsqueda de Dios no es más profunda que cualquier otra pasión, organizaremos nuestra vida según nuestros gustos, y no según los de Dios.

No se trata aquí de verdades teóricas para mí. Dios proveyó de su inmensa gracia para que sea más consciente de mi necesidad de buscarlo. Permitid que os cuente mi historia.

PRIMERA PARTE

LA IMPORTANCIA DE BUSCAR A DIOS

CAPÍTULO 1

Un itinerario personal

El 3 de marzo 1991, a las 9 horas 55, un Boeing 737 de la compañía United Airlines que debía aterrizar en el aeropuerto de Colorado Springs se estrelló en un parque cercano, provocando la muerte de veinticinco personas a bordo.

Bill, mi hermano mayor, se encontraba en ese avión.

Mi mujer Raquel y yo estábamos en la iglesia cuando un anciano se acercó dándome una suave palmadita sobre el hombro. "Una llamada telefónica urgente para ti" susurró. Le acompañé al despacho y cogí el teléfono.

"¿Dígame?" Dije.

"¿Larry? Soy papá. Bill ha tenido un accidente. Fina acaba de llamar del aeropuerto. No sabemos nada más, pero está destrozada. ¿Puedes ir allí?"

Volví a la sala de cultos y susurré a Raquel que teníamos que salir. El anciano que me había avisado nos esperaba a la salida. Le informé de lo que pasaba y me miró con mucha compasión. Fue la primera vez en la que me desmoroné.

Cuando llegamos al aeropuerto de Colorado Springs, a una hora de viaje de nuestra iglesia de Denver, había gente por todas partes. La agitación habitual de un aeropuerto parecía entonces mucho más frenética. Pregunté a un empleado con uniforme sobre lo que había pasado. "El vuelo 585 se estrelló justo al norte de las pistas. No hay ningún superviviente."

Salí de la terminal, me apoyé sobre una barandilla, y dije sencillamente a mi mujer: "Bill ha muerto." Un vacío que nunca había conocido anteriormente me invadió en seguida, era como una pesada carga sobre mi corazón.

Una crisis aterradora

Lloré a menudo durante las dos semanas que siguieron al dramático accidente, y me encuentro en ocasiones al borde de las lágrimas hasta el día de hoy, cuando algo me hace acordarme de la terrible pérdida que sobrevino a nuestra familia.

Pero dos semanas después del accidente, sentí subir en mí lágrimas que no había vertido todavía, una necesidad irresistible de llorar que provenía de una fuente aún más profunda que el sufrimiento causado por la muerte de Bill. Le informé a mi mujer que algo extraño me estaba sucediendo. Una aterradora erupción se estaba gestando. Unos temblores previos, anunciadores de un verdadero seísmo sacudieron mi alma.

El domingo 17 del mes de marzo, me sentí anormalmente intranquilo e incómodo. No pude dormir en toda la noche. A medianoche, salí silenciosamente de la cama, cogí mi Biblia y fui a mi despacho para estar tranquilo.

Por razones que todavía desconozco, al poco rato de estar sentado el dique cedió. Torrentes de lágrimas brotaron de mis ojos e inundaron mi rostro. Durante casi veinte minutos lloré, gemí emitiendo profundos suspiros, sin poder pronunciar ni una sola palabra inteligible. Una tristeza indescriptible que nunca había experimentado me invadió, era como si mi alma agonizara. Con una claridad extraordinaria, me di cuenta de que yo también estaba fuera del huerto de Edén y que no tenía ninguna posibilidad de volver a entrar en él.

Finalmente, logré articular palabras. Primero de manera contenida, luego con un clamor de una intensidad incontrolable, la de un río que desborda. Clamé al Señor: "No puedo soportar lo que sé que es verdadero. La vida es dolorosa. Soy un egoísta. Todo es insoportable. Nada satisface. Nada trae alivio. Ningún bien está asegurado. No hay descanso. La pena engulle al gozo. No puedo seguir adelante sin conocerte mejor."

Luego, de manera tan repentina como habían llegado, cesaron las lágrimas. Estaba sentado tranquilamente, consciente de que estaba en contacto con Dios, que todo mi ser estaba pendiente de él. Mi ardiente deseo de estar en comunión con él debe agradarle, me dije a mí mismo.

Me sentí bien durante más o menos un minuto. Luego, con la virulencia de una cornada de macho cabrío, la evidencia se impuso a mi espíritu: "¡Estoy preocupado por *mí mismo!*" No estoy cerca de tocar a Dios. ¡No está él en el centro de mis pensamientos, sino *yo mismo*!" Volvieron las lágrimas, está vez con mayor ímpetu.

Todo mi cuerpo se contorsionaba de dolor mientras clamaba: "¡Oh Dios, no sé cómo venir a ti. Más que ninguna otra cosa necesito conocerte, sentir tu presencia y tu amor. Pero no sé cómo lograrlo. Todos los caminos que tomo acaban por llevarme a mí mismo. ¡Debo encontrar el que me lleva a ti! Sé que eres todo lo que tengo. *Pero no te conozco lo suficiente como para que seas todo lo que necesito.* ¡Te lo ruego, permite que te encuentre!

Si hubiera deseado alguna vez tener una visión u oír una voz audible desgarrando el silencio de los cielos, era en este preciso momento. Pero nada ocurrió. Ninguna luz mística llenó la habitación. Ninguna voz vino a romper mi soledad. Estaba sentado solo. Y de nuevo, sin quererlo, volví a tranquilizarme.

Las lágrimas habían desaparecido, la fuente que las había alimentado se había secado por completo. Me sentía agotado, todavía desesperado, pero no descompuesto, inaccesible a todos, menos a Dios.

Después de quedarme así algunos minutos, totalmente agotado, cogí mecánicamente mi Biblia, la puse sobre mis rodillas mirándola detenidamente sin saber por qué página abrirla.

Las palabras que había pronunciado hacía menos de diez minutos volvieron a mi mente: "Necesito conocerte pero no sé cómo", mis pensamientos me llevaron entonces de forma casi involuntaria, luego compulsiva, al pasaje de Hebreos 11.6: "Pero sin fe es imposible agradar a Dios; porque es necesario que el que se acerca a Dios crea que le hay, y que es galardonador de los que le buscan."

Abrí pues la Biblia buscando este pasaje que leí cuatro o cinco veces. Me fascinaban las palabras, en parte porque sabía que tenían poder, un poder que estaba convencido llegaría finalmente a conocer.

Hace mucho tiempo que había abandonado la esperanza de encontrar algún día una llave única que conservaría siempre en mi mano y que me permitiría abrir cuando quisiera la puerta de los misterios celestiales. Pero esta noche sabía que Jesucristo era una persona real, que el cielo era un lugar real y que la vida cristiana era sobrenatural. Si bien estaba convencido de no haber descubierto la verdad final y última de este pasaje, sentí que había en este texto algo muy importante para mí, algo que Dios deseaba mostrarme para guiar mis pasos hacia él y poder conocerlo.

Volví a la cama sin haber descubierto nuevas luces relativas a este versículo de la carta a los Hebreos. Sin embargo, tenía la confianza extraña, casi exuberante, de que tenía ante mí una mina de tesoros por explotar, y de que llegaría a descubrir verdades liberadoras perfectamente adaptadas a mi necesidad de conocer a Dios.

El descubrimiento de Dios

Durante las semanas siguientes, este versículo estuvo siempre presente en mi mente. No conseguía sacármelo de la cabeza. Lo leía una y otra vez, meditaba cada palabra, las estudiaba en su contexto, repasaba todo lo que sabía de las Escrituras sobre el modo en que una persona ya perdonada se acerca a Dios, y oré para tener sabiduría. Las ideas que vinieron a mi mente durante estos días de reflexión son la base de este libro. No pretendo que sean novedades, de hecho son tan viejas como el texto bíblico, pero me parecían nuevas. Algunas verdades me parecen más claras ahora; son verdades importantes que deben regir nuestra manera de entender la vida.

Os invito a caminar conmigo por el sendero que seguí al intentar entender lo que Dios me decía en este texto y en toda la Biblia. Solo pueden tomar este camino los cristianos, personas que se apoyan sobre el perdón inmerecido y asombroso de Dios, personas que han aprendido a reconocer y condenar su odio hacia Dios como la realidad más fea y turbadora de su alma.

¿Cómo pueden encontrar a Dios un hombre soltero o una mujer soltera que luchan contra la soledad? ¿Cómo puede probar la bondad del Señor un padre que acaba de perder a su hijo? ¿Cómo puede descansar en lo que sabe de Dios un hombre de negocios arruinado que tiene una familia numerosa? ¿Cómo puede encontrar la suficiente confianza en Dios para seguir viviendo un adolescente desanimado, turbado y sin ninguna ilusión? Reflexionad conmigo sobre lo que el autor de la epístola a los Hebreos decía en cuanto a los que desean encontrar a Dios.

CAPÍTULO 2

Vivir no es solo existir

La teología necesita sobrevivir ante los embates del sufrimiento para llegar a ser enriquecedora. Y una sana teología nos conduce, a través de sufrimientos, a una experiencia más profunda de Cristo, y por consiguiente, de la esperanza, del amor y del gozo[1].

Grande es el dolor que mueve nuestro corazón hacia la búsqueda de Dios. No se trata del lamento del quejica que refunfuña en su insatisfacción ni de la irritación del narcisista que

---

[1] Nunca se llegará a entender plenamente el mensaje conmovedor de la Biblia en una biblioteca. Si colocamos la precisión en la erudición y la pureza doctrinal por encima de un encuentro personal y transformador con el Dios que se revela en Su Palabra, si no nos damos cuenta de que un conocimiento teórico de las Escrituras lleva a menudo a una apreciación orgullosa de conocimientos en vez de a una apreciación humilde y ferviente de Cristo, favorecemos una ortodoxia que ahoga la vida. Y nos perderemos el mensaje del Evangelio que libera para dar vida. Para tomar el pulso de las Escrituras y oír el latido del corazón de Dios, debemos entender en toda su extensión la plena realidad de lo que es la vida fuera del huerto de Edén. Si insensibilizamos nuestras almas a las luchas permanentes contra el pecado y las decepciones protagonizadas por los hombres caídos en un mudo caído, el tiempo consagrado a la lectura de la Biblia alimentará un conocimiento, que en vez de proporcionar una verdad liberadora, inflará el orgullo.

descubre que el egocentrismo tiene trágicas consecuencias. Tampoco se trata del dolor psicológico del que tanto se habla hoy día y que lleva a las personas a no desear más que amarse a sí mismas y poder disfrutar mejor de la vida.

Es más bien el dolor de alguien que quiere disfrutar de un placer que no puede encontrar y que teme que la miseria sea algo inevitable y quizás hasta merecida. Es el dolor que nos hace pararnos para pensar en algo fuera de nosotros mismos, algo más importante y más interesante que nuestras pequeñas preocupaciones en cuanto a nuestra identidad y cómo sacar de ella el mejor partido. Es un dolor que nos lleva irresistiblemente a plantearnos preguntas aterradoras en relación con la vida y Dios.

El dolor que engendra una sana teología es semejante a la experiencia que tiene un hombre que deambula en una vieja casa a medianoche. Al menor ruido, se para inmóvil, todo tenso y en alerta, acechando la presencia de un huésped invisible.

Solo la comprensión espantosa, paralizadora y aterradora de que nos hallamos para siempre fuera del Huerto del Edén, sin ningún medio para reintegrarnos en él, y de que los poderes sobrenaturales planean sobre nosotros, podrá inmovilizarnos el tiempo suficiente como para percibir lo que se encuentra más allá de nuestra experiencia inmediata. Solo este descubrimiento espantoso podrá crear en nosotros una sensibilidad que nos capacitará para escuchar a Dios en su Palabra y nos hará entrar en una dimensión incontestablemente nueva de la vida.

Este tipo de dolor me sobrecogió aquella noche cuando leía Hebreos 11.6. *Deseaba* oír a Dios. *Necesitaba* oír a Dios. Nada me importaba tanto como encontrarlo. Me hallaba inmerso en una misión más importante que la de preparar una predicación o la de recoger varias ideas como base para un libro. Luchaba por encontrar un modo de vivir.

Con la pasión de un ciervo que brama por las corrientes de las aguas, me zambullí en Hebreos 11.6, buscando a Dios:

"Pero sin fe es imposible agradar a Dios, porque es necesario que el que se acerca a Dios crea que él existe y que recompensa a los que le buscan."

Tres interrupciones

Anhelando comprender el contexto de este versículo, leí todo el capítulo 11, que cuenta la vida de varios héroes de la fe del Antiguo Testamento. Lo primero que me sorprendió fue que el autor interrumpe en tres ocasiones su relato con tres breves observaciones o principios. La primera observación (v.6) explica lo que significa ir a Dios. La segunda (v.13-16) precisa que todos estos héroes del Antiguo Testamento esperaban otra patria, la patria celestial. Finalmente, la tercera (v.38-40), declara que Dios tenía "reservado algo mejor".

Reflexionando sobre las razones, inspiradas por Dios, que habían podido mover al autor para insertar estas observaciones en estos lugares precisos, me preguntaba si las personas mencionadas justo antes de cada principio ilustraban su razonamiento. Si fuera el caso, el autor estaría diciendo: "Si deseáis comprender lo que afirmo en el versículo seis, considerad el personaje cuya vida me inspiró precisamente la observación insertada en este lugar. Cuando hablaba de ir a Dios, del modo de agradarle por la fe, de aceptar lo que declara ser y de creer que recompensará a cada uno en su tiempo, pensaba en Enoc. ¡Estudiad la vida de Enoc para comprender lo que hace falta hacer para ir a Dios y encontrarlo!"

Sabía que no podía sobrevivir fuera del Huerto a no ser que pudiera conocer mejor a Dios. La batalla que se libraba en mi alma era de aquellas que no podía ganar. Ya que, o tenía que negar hasta qué punto la realidad era dolorosa (pero en este caso, un Dios que solo se puede encontrar negando la realidad que socava nuestra confianza en él, no merece ser conocido); o me tenía que hacer insensible al dolor, zambulléndome de cabeza en el pecado (pero en este caso, los placeres a corto plazo van acompañados de miseria a largo plazo); o tenía que esperar que mi obediencia incitara a Dios a bendecirme concediéndome una buena salud, mucho dinero, relaciones humanas gratificantes y pocos contratiempos que lamentar (pero Dios no actúa como un distribuidor automático que entrega el artículo seleccionado, una vez insertada la moneda).

Tenía que ir a Dios según *sus* condiciones. Basaba mi esperanza en las palabras que Dios dirigió a su pueblo el cual padecía en el tiempo de Jeremías: "Me buscaréis y me hallaréis, porque me buscaréis de todo vuestro corazón. Seré hallado por vosotros, dice Jehová" (Jeremías 29.13-14).

Pero, ¿qué significa "buscar a Dios de todo su corazón"? ¿Hacer más esfuerzos para obedecerle? ¿Mirar menos la televisión? ¿Dar más dinero en la ofrenda? ¿Dirigir otro grupo de estudio bíblico? ¿Consagrar más tiempo para mi devocional? ¿Tener una lista de oración más larga? ¿Solo escuchar emisoras de radio cristianas? ¿Testificar más a menudo? ¿Limitar mis compras? ¿Tener una actitud más conciliadora hacia algunos empleados reivindicativos? ¿Pasar toda una noche en vigilia de oración?

¿Cómo podía ir a Dios con la seguridad de encontrarlo tal y como él anhela? Decidí estudiar la vida de Enoc para encontrar la respuesta.

Enoc caminaba con Dios

Me fui a la primera mención de Enoc en la Biblia, Génesis 5.18-24. Génesis 5 registra una de estas genealogías que tienes la tentación de saltar o leer muy por encima. Pero, lee todo el capítulo atentamente y mira si resalta algo en particular.

Observarás que se menciona a diez hombres en este capítulo, empezando por Adán, siguiendo con Set, y finalizando con Noé. En cada caso, con la regularidad que conlleva siempre el mismo patrón, la Biblia declara que después de que la persona fuera padre vivió un determinado número de años. Subraya la palabra *vivió* en los versículos 4,7,10,13,16,19,26 y 30. Se nos dice de cada hombre que *vivió* desde el momento que llegó a ser padre hasta el día de su entierro, con la excepción de Noé (cuya muerte se relata más adelante en la historia) y de Enoc.

Observa el versículo 22. "Y caminó con Dios Enoc, después que engendró a Matusalén, trescientos años…". Los demás hombres se contentaron con vivir. Pero Enoc, *caminaba* con Dios. El contraste merece ser subrayado.

En qué sentido "caminar con Dios" es diferente de "vivir". Si deseo ir a Dios y descubrirlo de verdad, quizás debería empezar por preguntarme: ¿Me contento con vivir o camino con Dios? (La perspectiva de caminar con Dios no para de turbarme. A veces tengo la impresión de que se trata de una experiencia lejana e inaccesible: me digo a mí mismo que Enoc era un personaje bíblico; mientras que yo soy un americano del siglo XXI. Pero en otros momentos, la idea me parece tan real y tan cercana que me corta la respiración: ¡sí, yo también puedo de verdad caminar con Dios!)

El profeta Amós hizo la pregunta: "¿Andarán dos juntos, si no estuvieren de acuerdo?" (Amós 3.3). Si quiero caminar con Dios, de entrada una cosa es clara: debemos ir en la misma dirección. Y no se puede negociar con Dios sobre el rumbo. Me invita a unirme a él. No vendrá él a mis propias sendas.

La ruta de Dios está muy bien definida. Se comprometió a reunir "todas las cosas en Cristo… las que están en los cielos, como las que están en la tierra" (Ef 1.10). Si estoy resuelto a caminar con él, no tengo otra elección que seguir el mismo objetivo. Mi voluntad de caminar con él implicará que cualquier otra ambición de mi corazón será sometida a la de glorificar a Cristo. Todo lo que se opone a esta meta deberá ser abandonado.

Las condiciones establecidas por Dios son exigentes. Seguir a Cristo requiere algo de nosotros: más que alegrarnos de nuestra nueva identidad. A veces, podemos hasta tener la impresión de que hace falta abandonar nuestra única esperanza de vivir.

Un día, una mujer cuyo marido pegada regularmente a su hijo adolescente vino a verme. El chico estaba aterrorizado por su padre y había dejado la fe reprochándole a Dios que no hacía nada para protegerle de la ira de su padre. La madre estaba destrozada, confundida, y enfadada. Me pidió que la ayudara.

Me comentó que su madre murió cuando tenía diez años, y que cuatro años más tarde, su padre se suicidó. El cuidado de los tres hermanos más jóvenes cayó sobre sus espaldas de adolescente de catorce años. En el transcurso de los años, había llegado a ser una mujer cuyo sentido de la responsabilidad se había desarrollado sobremanera, una mujer decidida a resolver los problemas de todo el mundo, incluyendo los suyos.

Durante nuestra conversación, sentí que me estaba escuchando con una condescendencia resignada: "Gracias por su interés en ayudarme. Pensaré en lo que me ha dicho, pero estoy más que convencida de que en realidad nadie me puede ayudar. Nadie es lo bastante fuerte o compasivo; soy yo y solo yo la que tiene la responsabilidad de definir lo que hay que hacer." No lo dijo en voz alta, pero todo en su actitud me transmitía claramente que eso era lo que pensaba.

En un momento determinado le sugerí que se había metido en el papel de superviviente. Se consideraba como la monitora de un grupo de campistas perdidos en la naturaleza en plena tormenta de nieve. Todo dependía de ella. Su único objetivo era conseguir todos los recursos a su alcance – era una mujer muy capaz – para asegurarse de que todos pudiesen salir sanos y salvos.

Con esta resolución profundamente anclada en su alma, sus preguntas "¿Cómo podría ayudar a mi hijo?" y "¿Cómo reaccionar frente a mi marido?" evidenciaban una determinación inflexible de hacer todo lo posible para que las cosas fueran mejor. Pero este programa claramente establecido que quería seguir con toda su pasión, escondía realmente el grito de una mujer sola que anhelaba encontrar a alguien que pudiera estar a su lado, por ella misma, y que la amara de un modo que la pudiese liberar y permitir no sentirse más la responsable de una expedición amenazada. Pero cada vez que alguien se acercaba a ella, como lo estaba haciendo yo, veía en seguida las debilidades en el compromiso de esta persona y retomaba inmediatamente su papel.

El objetivo de esta mujer era manipular a su entorno para que fuera capaz de ocuparse de ella adecuadamente. El objetivo de Dios es reunir todas las cosas en Cristo hasta que se doblen todas las rodillas ante él. Estas dos personas, mi clienta y Dios, no caminaban juntas. Andaban por dos direcciones diferentes. Esta mujer iba a Dios no para caminar con él, sino para convencerlo de que le diera la energía y la capacidad que necesitaba para llevar a cabo su objetivo. A no ser que cambie de dirección, no podrá encontrar ni la paz de Dios en esta situación ni la sabiduría para enfrentarse con sus dificultades.

Enoc caminaba con Dios. Entendí que si quería caminar con Dios como Enoc, no bastaba con hacer una simple oración de consagración o algunos esfuerzos complementarios para parecer más espiritual. Se precisaba nada menos que de una operación quirúrgica sin anestesia, una operación cuyo objetivo era extirpar de mi ser todo anhelo de que las cosas fueran según mi voluntad. Y aunque parezca increíble, deseaba someterme a esta intervención. Me parecía sabio permitir a un cirujano experimentado —cuyos pacientes siempre se han restablecido— hacer su trabajo solo, para enfrentarse a mi grave dolencia.

Pero, tenía plena conciencia de que todo el proceso quirúrgico no sería fácil. No solo tenía que comprometerme deliberadamente a emprender el camino de la pureza de intenciones, sino que era también necesario renovar este compromiso todos los días, en particular cuando el dolor de mi corazón clamara por el alivio. Tenía también que familiarizarme con esta energía detestable y fuertemente arraigada en mí, que justifica fácilmente las transgresiones morales cuando pueden traer alivio a mi alma dolorida. En cuanto entiendo que mi egocentrismo se alimenta de un sentimiento de frustración y de incertidumbre sobre la voluntad de Dios para responder a mis necesidades según mis expectativas, a partir de este momento, se desarrolla un clima propicio para el arrepentimiento, una voluntad de abandonar los objetivos egocéntricos para poder descubrir a Dios.

Nuestro objetivo es manipular nuestro entorno para que sea capaz de ocuparse de nosotros adecuadamente. El objetivo de Dios es reunir todas las cosas en Cristo hasta que se doblen todas las rodillas ante él.

Sin embargo, la intervención quirúrgica no se hace en un día. El divino cirujano me sigue por todas partes, bisturí en mano, indicándome amablemente otras evidencias del cáncer del egocentrismo que me roe, esperando que me quede quieto para poder intervenir con una nueva incisión. Este tratamiento tiene efectos sorprendentes: ahora consagro más energía para seguir los objetivos de Dios y estoy atento a los objetivos contrarios que veo dentro de mí. Por cierto, gimo como antes cuando otros me maltratan, pero en la medida en que me someto al cirujano celestial, gemiré más sobre mi pobre consagración a Cristo que sobre los malos tratos de otros, aun cuando sean duros. Y me alegraré más de la bondad del Señor que de la estima orgullosa que puedo tener de mí mismo.

Cualquiera que va a Dios debe hacerlo como Enoc, sometiendo conscientemente su vida a los propósitos eternos, sabiendo a la vez que Dios no concede garantías en cuanto al alivio de sus hijos a corto plazo.

Temer más la impiedad que la incomodidad

Se impone una segunda observación: contrariamente a la gran mayoría de hombres de su tiempo y del nuestro, a Enoc le afectaba más el comportamiento egoísta de las gentes que su dolor. Judas cita el único sermón de Enoc mencionado en las Escrituras, en el cual arremetía contra los que buscaban el consuelo y el placer inmediato en vez de la santidad personal: "He aquí, vino el Señor con sus santas decenas de millares, para hacer juicio contra todos, y dejar convictos a todos los impíos de todas sus obras impías que han hecho impíamente, y de todas las cosas duras que los pecadores impíos han hablado contra él.

La misma situación caracterizaba la época de Enoc, la de Judas y la nuestra. Consideramos que el malestar personal (odio hacia uno mismo, baja auto-estima, insomnios, preocupaciones económicas, soledad) es el mal primordial del que debemos ser liberados. Si mezclamos nuestro cristianismo con nuestra búsqueda de bienestar, Jesús no será para nosotros más que un divino masajista al que solo obedeceremos si primero nos ha sanado y relajado correctamente.

Pero, este cristianismo no es el de la Biblia. Cristo ofrece esperanza, no alivio dentro del sufrimiento, y nos pide que le busquemos con ardor aun cuando estamos tentados a pararnos para preocuparnos por nuestro bienestar.

Enoc nos advierte ante el peligro de pronunciar palabras duras contra Dios. Nada nos incita más a murmurar contra el

Señor que los sufrimientos que siempre nos parecen injustos y que siempre parecen dejar a Dios indiferente.

Uno de mis amigos conoció a la que sería su futura mujer en el instituto bíblico. Decidió casarse con ella únicamente si esto era la voluntad de Dios. Fue un ferviente tema de oración, buscó además consejo entre creyentes experimentados, pidió la opinión de sus padres, y mantuvo una actitud moral ejemplar durante todo el tiempo que salieron juntos. Con el apoyo de todas las personas consultadas, le preguntó si quería casarse con él, y ambos decidieron consagrar su vida al servicio de la fe cristiana.

Después de siete años de matrimonio y el nacimiento de dos hijos, su mujer le confesó que era lesbiana y que deseaba vivir con la mujer que veía en secreto desde hacía varios años. Dejó su familia, se divorció y se fue a vivir con su compañera. Seis años más tarde se suicidó. Desde entonces, los dos hijos de mi amigo, ya adolescentes, tienen graves problemas. La hija tiene bulimia y es promiscua; el hijo reconoció hace poco que se drogaba desde los diez años.

Imaginad que este hombre os pide ayuda. Después de que os haya contado los detalles trágicos de su vida y de haber llorado abundantemente por sus hijos y su mujer fallecida, exclama: "¿Por qué Dios no hizo nada? ¿Por qué permitió que me casara con ella, y que eso mismo fuera la causa de tanta pena y sufrimiento? ¡He buscado su voluntad de todo corazón y mirad lo que ha pasado! ¿Cómo puedo depositar en él mi confianza para el resto de mi vida? Todo está en ruinas. ¡No tengo ninguna garantía de que mis hijos salgan de sus problemas un día y no tengo ninguna razón para creer que mi mujer está en otra parte más que en el infierno!"

Si os suscribís a la teología de los amigos de Job, no podréis ayudar con mayor éxito a este hombre del que ellos ayudaron a Job. Según ellos, para que Dios os conceda lo que deseáis, tenéis que defender vuestra causa delante de él, vivir como Dios manda, arrepentiros de todo mal, y "ciertamente luego se despertará por ti, y hará próspera la morada de tu justicia" (Job 8.6).

Si no estoy convencido de que Dios es bueno, lenta pero resueltamente, volveré a tomar el control de mi propio bienestar.

Hoy día, el mensaje es el siguiente: puedes manipular a Dios para conseguir lo que quieres. Por cierto, Dios no resucitará a esta mujer, y es posible que no pueda hacer volver a tus hijos al camino recto, pero puede hacer que te sientas bien a pesar de todo. Aun cuando no se suavicen tus circunstancias, puedes aceptarte como eres y estar contento.

Nosotros los modernos, no cometemos más el error de definir la paz de Dios que supera nuestro entendimiento en términos de circunstancias agradables. Pero nuestro error es más bien pensar que la paz es encontrar la satisfacción en el sentimiento de nuestro valor propio y en nuestra dignidad. Ahora bien, ni la primera ni la segunda definición llegan al meollo de la cuestión. La paz de Dios pertenece a los que confían en su bondad, aun cuando la vida es un tormento y tienen una pésima opinión de ellos mismos. ¡Ojo!, es posible gozar de la paz de Dios y, al mismo tiempo, tener una bajísima auto-estima.

Si no estoy convencido de que Dios es bueno y si infravaloro la seriedad de mi lucha para creer en su bondad, entonces, lenta pero resueltamente, volveré a tomar el control de mi propio bienestar. Y consideraré luego que el amor de Dios hacia mí es la razón imperiosa para amarme a mí mismo. Razonaré así: "Dios me ama. Me acepta plenamente. Quiere que pueda apreciar quién soy como hijo suyo. Por consiguiente, el hecho de buscar gozar más y más de mi identidad es central en su propósito."

Judas califica de "impíos" a los "que convierten en libertinaje la gracia de Dios" (v.4). No penséis que la impiedad o el libertinaje se limitan a los pecados groseros como el adulterio, el robo o la borrachera. *Cada vez que estimamos que es más importante resolver nuestros problemas que buscar a Dios, somos inmorales.*

La lucha a la que tiene que hacer frente mi amigo es la de creer que Dios es digno de confianza, aun cuando no impidió a su mujer suicidarse, a su hija de caer en la bulimia y la promiscuidad y a su hijo drogarse. Si mi amigo pierde esta batalla, se verá mucho más turbado por el trágico desenlace de estos acontecimientos en su vida que por el carácter impío e intransigente de su búsqueda de la felicidad. Si gana esta batalla, será liberado *de* la necesidad de sacar un poquito de felicidad de su vida en ruinas; liberado *para* consagrarse a la realización de los propósitos de Dios y para descubrir, si bien de manera fragmentaria, el significado del gozo auténtico.

Cada vez que estimamos que es más importante resolver nuestros problemas que buscar a Dios, somos inmorales.

Incluso cuando sufrimos, debemos considerar que Dios es bueno, ¡porque lo es de verdad! Y cuando las cosas nos van bien, debemos considerarlo bueno por razones que van más allá de nuestro bienestar inmediato. Si no es así, a la menor herida, tendremos palabras duras contra Dios y seguiremos haciendo lo que alivia nuestra alma. *Estaremos más preocupados por nuestra comodidad que por nuestra impiedad.*

Si quiero de verdad ir a Dios y encontrarlo, debo caminar como Enoc, creyendo que Dios es bueno, sean cuales sean las circunstancias de la vida, y rehusando sacrificar mi búsqueda de bienestar en beneficio de mi compromiso de honrarle.

Enoc opuesto a Lamec

Volvamos a Judas, versículo 14. Enoc es presentado como el "séptimo" desde Adán. Esta precisión tiene como meta distinguir a este Enoc de otros personajes que tienen el mismo nombre en la Biblia.

En mi deseo de sacar del ejemplo de Enoc todo lo que fuera posible en relación con la búsqueda de Dios, me pregunté si podía aprender más lecciones sobre este detalle mencionado por Judas. Volví a leer Génesis recordando que Adán dio nacimiento a dos descendencias, una por Set, la otra por Caín. Enoc fue el séptimo descendiente de Adán *por Set*.

Quise comprobar luego dos cosas: ¿Cuál era el séptimo descendiente de Adán por el linaje de Caín? y ¿habría algunas características esenciales de Caín que se reflejaran en sus descendientes? Las respuestas a estas preguntas, posiblemente, contrastarían con la vida de Enoc y me ayudarían a entender también cómo *no* acercarme a Dios.

Génesis 4.17-24 presenta a Lamec como el séptimo descendiente de Adán por Caín. Llegó a ser el primer polígamo conocido de la historia humana. El modo en el que se jactó delante de sus dos mujeres revela claramente que solo estaba decidido a hacer lo que le diera la real gana. "Ada y Zila, oíd mi voz; Mujeres de Lamec, escuchad mi dicho: que un varón mataré por mi herida, y un joven por mi golpe" (Génesis 4.23).

En esta cultura primitiva, el poder se medía por el número. Quizás Lamec se casó con dos mujeres, menospreciando el propósito divino, para acrecentar su poder. La Biblia no cuenta que Lamec se haya acercado a Dios, pero si hubiera sido el caso, no sería sin lugar a dudas por otro motivo que el de conseguir mayores recursos que le permitieran conseguir sus objetivos egoístas.

El modo en que Lamec organizó su vida alrededor de su bienestar refleja una tendencia ya presente en Caín, tendencia que la Biblia llama "el camino de Caín". En la condenación que Dios le aplicó por el asesinato de su hermano figuraba la sanción: "Errante y extranjero serás en la tierra" (Génesis 4.12). Caín nunca tuvo el permiso de guardar las maletas y considerar suyo ningún lugar [2]. Caín se quejó contra Dios: "Grande es mi castigo para ser soportado" (Génesis 4.13). Decidido a conjurar su mala suerte, se esforzó por hacer que su vida fuera lo más agradable posible. Fundó un hogar y comenzó a *construir una ciudad* (Génesis 4.17).

Debo renunciar a mi fascinación por mí mismo ante el beneficio de una preocupación más compatible con la naturaleza del objetivo de Dios. No estoy yo en el centro. Sino Dios. Existo por él y no existe él por mí.

Rechazando el arrepentimiento, Caín se hizo con el deber de superar las consecuencias de su pecado y de crearse circunstancias favorables. Es como si dijera: "Vale, me han expulsado del huerto. Desde que desalojaste a papá y mamá del Edén y colocaste este ángel a la puerta para prohibirnos la entrada, entendí que tenía que adaptarme a una vida en un mundo en el que crecen las malas hierbas y los cardos. Pero aunque estoy fuera del huerto, me niego a vivir la existencia miserable de un nómada. Haré todo lo que está en mi poder para recrear las condiciones de vida del huerto. Edificaré una ciudad, plantaré flores, acondicionaré parques de ocio para mis hijos. Me niego

---

[2] Cualquiera que haya tenido la ocasión de viajar puede entender la triste suerte de Caín. Mi mujer y yo hemos vuelto recientemente de un viaje de un mes por Europa en el que hemos pasado cuatro semanas en cuatro países diferentes, durmiendo en nueve camas diferentes. Durante esta gira, nunca hemos deshecho completamente nuestras maletas, pues sabíamos que pronto tendríamos que viajar otra vez. No nos hemos sentido en casa en ningún lugar. Hacia el final de nuestro periplo, aun cuando nuestros anfitriones nos trataron muy bien, anhelábamos regresar a nuestra casa. La primera cosa que hice en cuanto pasamos el umbral de nuestra casa fue sacar toda la ropa del equipaje y guardar las maletas en su sitio habitual. Si tuviera que viajar constantemente sin poder regresar a casa, me sentiría profundamente perturbado.

a errar indefinidamente sin buscar un lugar donde establecerme. No tengo meta más elevada que la de arreglarlo todo para mi bienestar personal."

Como Caín transmitió esta actitud a sus descendientes, nosotros podemos hoy contemplar dos conceptos opuestos de la vida: el de Lamec (que refleja la influencia impía de Caín) y el de Enoc (de acuerdo con la piedad de Set). La divisa de Lamec hubiera podido ser: "¡Me edificaré una ciudad! ¡Quiero abandonarme a los placeres ya! Y la de Enoc: "¡Edificaré el reino de Dios! Y confío que Dios me edificará un día una ciudad en la que disfrutaré."

Como Dios se preocupa con tierno cuidado por sus hijos, alivia a menudo sus sufrimientos y resuelve sus problemas. Pero como su amor es un amor inteligente, arraigado en lo que sabe es lo mejor para nosotros, nos ha llamado a vivir para realidades mucho más interesantes que nosotros mismos. Nos conduce en la realidad sobrenatural de vivir para el establecimiento de su reino eterno.

Hagámonos la pregunta fundamental: ¿Me contento simplemente con existir o camino con Dios?

Al escudriñar nuestra vida, tengamos cuidado de no perdernos en nosotros mismos hasta el punto de olvidar que hay algo más extraordinario que debemos considerar. Si deseo rechazar el concepto de Lamec e ir a Dios como Enoc, debo renunciar a mi fascinación por mí mismo ante el beneficio de una preocupación más compatible con la naturaleza del objetivo de Dios. No estoy yo en el centro. Sino Dios. Existo por él y no existe él por mí.

Hagámonos la pregunta fundamental: ¿Me contento simplemente con existir o camino con Dios? ¿Nos preocupamos únicamente por satisfacer nuestra alma, por hacerlo todo para que nuestras necesidades estén colmadas, por edificar nuestras ciudades? O ¿nos preocupa conocer a Dios, cooperar con él como amados colaboradores para la realización de un proyecto que nos supera, parecernos al Hijo que el Padre ama más que todo, y esperar la ciudad que Cristo está construyendo en este momento?

Aprendamos lo que significa ir a Dios, creyendo que es bueno, aun cuando la vida parece indicar lo contrario, sabiendo que recompensa a los que le buscan sinceramente, incluso cuando su alma está en agonía.

Pero, ¿podríamos traducir de una manera aun más práctica las lecciones de Hebreos 11? ¿Qué sería de nuestra vida si nos acercáramos a Dios como Enoc?

CAPÍTULO 3

Las pasiones naturales

Todos sabemos lo que supone ser movidos por poderosas fuerzas compulsivas y misteriosas que salen de las profundidades de nuestro ser. Las llamamos pasiones.

Unos son víctimas de una pasión irresistible cuando están en la mesa, consumidos por unas ganas irracionales de tragárselo todo (o, al contrario, de no probar bocado). Otros tienen unas ganas compulsivas de comprar y poseer cualquier artículo inimaginable, cuando pasan delante de las tiendas.

Otros, incluso, sienten surgir dentro de ellos sentimientos irreprimibles cuando se encuentran solos en una habitación de hotel y, el mero hecho de encender la televisión, hace aparecer un flujo de imágenes indecentes que excitan sus sentidos. ¡Cuántos pastores me confesaron sentirse asaltados por pensamientos y sentimientos inmorales cuando esperaban, antes de tomar la palabra, para dar el mensaje del domingo por la mañana!

Para algunos responsables cristianos, la pasión más poderosa es tener éxito. Los sentimientos de celos, alimentados por las noticias del éxito de otros, pueden a veces llevarles a la obsesión de "hacerlo mejor", arruinando así enteramente el ministerio de un pastor.

Cuando contemplan el tema de las pasiones, un gran número de personas piensa en sus luchas emocionales contra el odio hacia sí mismos. Las más fuertes emociones que sienten son la culpabilidad y el temor. Para otros, la pasión dominante es la ira. Algunos maridos experimentan sentimientos de irritación incontrolables cada vez que consultan la cuenta del banco reservada para los gastos de casa y descubren otra vez que ha sido usada la tarjeta para sacar dinero en efectivo. Algunas esposas están calladas, pero a punto de estallar, cuando oyen a sus maridos vanagloriarse de sus éxitos profesionales y evitan cuidadosamente toda conversación profunda en cuanto a sus dificultades familiares.

Hay también personas que afirman no sentir ninguna pasión. A veces son eficientes cristianos responsables cuya filosofía es hacer frente a la vida pase lo que pase, u hombres de negocios, que consagran sesenta horas por semana a su trabajo. A veces son solteros frustrados que no llegan a imaginarse cómo vivir plenamente como seres sexuales, sin caer en el juego de la seducción.

Las personas que no sienten ninguna pasión arder en ellos, muestran que sencillamente la han enterrado. Han sellado sus deseos debajo de una capa impenetrable que les impide ser impactados por lo que les pasa. Pueden presentar una fachada de jovialidad fingida, llena de buen humor y de conversaciones amistosas, o mostrarse sosos e insensibles ante todo lo que puede suscitar emociones fuertes.

De hecho no son ni sosos ni insensibles. Nadie lo es. Todo ser humano está apasionadamente comprometido en la búsqueda de un objetivo. Puede ser que no sintamos la energía en nosotros, como tampoco sentimos la tierra girar bajo nuestros pies, pero esta energía está efectivamente presente y afecta nuestra vida. Está aquí desde que Adán y Eva han sido expulsados del paraíso. Con una gran determinación, todos buscamos un trozo de tierra en el que las malas hierbas y los cardos crezcan menos que en otras partes.

Ciudadanos de este mundo

A no ser que se produzca un cambio radical en nuestra forma de pensar, nadie aceptará cambiar su pedazo de tierra aquí abajo por una morada celestial. Nos mueve a todos de manera natural una energía que nos empuja a hacer que las condiciones de vida fuera del huerto de Edén sean parecidas a las que nos imaginamos existirían dentro. Es mayor nuestra determinación a hacer que nuestra vida sea agradable que la de buscar a Dios y vivir para una esperanza futura. Cuando nos volvemos a Dios, en general, es para pedirle que mejore nuestras condiciones de vida actuales.

Todas estas pasiones que nos perturban brotan de este deseo fundamental de querer mejorar nuestras condiciones de vida presentes: unos deseos desordenados por la comida o el sexo, unas pulsiones extrañas que nos invaden en los momentos menos oportunos, unos anhelos poderosos de amarnos más a nosotros mismos, una determinación feroz por tener éxito en el plano personal o profesional, una voluntad férrea de ver las victorias espirituales convertirse en una vida más cómoda, que ninguna tragedia ni ninguna tensión puedan estropear, unas ganas locas de vengarnos de los que nos han herido. Estamos dispuestos a todo para que nuestra vida sea menos penosa, y haremos todo lo que esté en nuestras manos para alcanzar este resultado en un mundo decepcionante, a veces agradable, pero tremendamente incierto.

Es mayor nuestra determinación a hacer que nuestra vida sea agradable que la de buscar a Dios y vivir para una esperanza futura. Cuando nos volvemos a Dios, en general, es para pedirle que mejore nuestras condiciones de vida actuales.

El hecho de reaccionar con pasión ante todo lo que afecta a nuestro bienestar personal en este mundo es tan natural como respirar. No es algo malo en sí, *al no ser que no sintamos ninguna pasión mayor.* Dios nos pidió que le amáramos con una pasión que supera todas las demás. Mientras que no anhelemos a Dios como el ciervo las corrientes de las aguas, mientras que no le busquemos con una determinación superior a la que nos hace desear una nueva casa, buscar la aprobación de los padres o criar a hijos de los que podamos estar orgullosos, este mundo nos convendrá muy bien. Encajamos bien con sus valores. Nuestra ciudadanía está aquí abajo.

Los ciudadanos de este mundo viven persiguiendo dos objetivos:

1) buscan los medios para hacer que su vida presente sea más feliz;

2) utilizan a las personas y las circunstancias que les rodean para alcanzar dicha meta. Detrás de cada acción altruista y bondadosa, detrás de cada sacrificio se esconde realmente una motivación cuyo objetivo es servirse a uno mismo, lo que mata su valor moral.

Sin embargo, los cristianos son ciudadanos de otro mundo; aquí abajo somos extranjeros y peregrinos. Nuestra marca distintiva es nuestra pasión por Dios. Soportamos las tribulaciones para servirle porque le amamos y estamos seguros de sus promesas de bendición. O, por lo menos, en teoría. Ahora bien, nuestras pasiones naturales nos impiden servir a Dios de este modo perfecto. Si bien proclamamos ser ciudadanos del cielo, vivimos como ciudadanos de esta tierra.

Nosotros los cristianos, no podemos pretender amar a Dios mientras no hayamos reconocido nuestra poderosa pasión hacia nosotros mismos. No podremos y no vamos a querer amar a nadie excepto a nosotros mismos, mientras no hayamos encontrado a Dios de una manera que nos incite a buscarlo con un corazón íntegro, mientras nuestro deseo no sea conocerlo mejor. Y es aquí donde radica nuestro problema. En una cultura que pone tanto el acento en la vida presente, y en una Iglesia que tanto enseña la necesidad de mejorar y construir vidas más felices, nos es difícil apasionarnos por otra cosa que no sea nuestra satisfacción inmediata. Durante siglos, la Iglesia, en su papel de embajadora de un reino extranjero, enseñó que el pueblo de Dios tenía como objetivo supremo glorificar a Dios y encontrar en él su delicia para siempre; la Iglesia moderna enseña demasiado a menudo que el objetivo supremo de Dios es hacer bien a su pueblo.

Nos hace falta volver a las nociones de antaño: la realización personal no es lo primordial, el bienestar del individuo es menos importante que la gloria de Dios, y el hombre solo se puede encontrar si antes ha buscado a Dios.

Durante siglos, la Iglesia enseñó que el pueblo de Dios tenía como objetivo supremo glorificar a Dios y encontrar en él su delicia para siempre; la Iglesia moderna enseña demasiado a menudo que el objetivo supremo de Dios es hacer bien a su pueblo.

¿Es realmente posible pensar así? ¿Existe todavía alguien que sacrifique su bienestar inmediato para tener el privilegio de conocer a Cristo? Hebreos 11 está lleno de historias de personas —algunas excepcionales, otras comunes, pero todas de débiles pecadores– cuya vida testifica de una pasión extraordinaria por algo que el mundo no pudo nunca ofrecer. Abraham abandonó su modo de vida familiar y cómodo para ir de aquí para allá donde una voz sobrenatural le dirigía. Moisés abandonó la vida lujosa de los palacios egipcios para errar en el desierto acompañado por un millón o más de discípulos inconstantes. Otros prefirieron ser serrados en dos antes que abandonar su lealtad hacia Dios.

¿Por qué? ¿Cuál era la pasión que les animaba para poder sacrificar su bienestar inmediato? Ninguno de ellos obtuvo, sin embargo, lo que era natural desear. Todos murieron sin nada más que una confianza inquebrantable en este Dios que habían conocido. Eran personas como tú y como yo, gente normal, que prefería sin ninguna duda el bienestar al sufrimiento, *salvo cuando el bienestar les impedía encontrar a Dios*. Para ellos, nada importaba más que descubrir a Dios.

La pregunta que debemos ahora plantearnos es la siguiente: ¿Cómo nosotros, que vivimos muchos siglos después de ellos, en este mismo mundo lleno de placeres y de frustraciones, nosotros, que como ellos, tenemos esta propensión a cuidar de nosotros mismos, cómo podríamos cultivar la misma pasión que ellos por Dios? ¿Qué podemos hacer para suscitar en nosotros un deseo de conocer a Cristo que sea más poderoso que nuestra inclinación a mirarnos el ombligo? ¿Cómo alimentar el deseo de buscar a Dios que nos lleve a un verdadero encuentro con él, un encuentro que nos libere para que nos interesemos por los demás y, que nos incite no a presumir ante los demás o a buscar su aprobación, sino a serles de bendición?

Este es el tema que quiero abordar ahora, preguntándome primero sobre cómo se desarrollan las pasiones naturales, y luego, en el capítulo que sigue, contrastando este mecanismo con el del desarrollo de las pasiones naturales.

Como se desarrollan las pasiones naturales

Todo niño está sometido a dos tipos de fuerzas en su vida: las fuerzas que nacen dentro de él y las que provienen de su entorno. Desde el nacimiento, unos deseos se despiertan en la personalidad que se está formando y requieren su atención. Los niños de pecho, más que ningún otro, experimentan esta pasión interna. Naturalmente se esfuerzan por encontrar la máxima satisfacción y el mínimo sufrimiento. Quieren ver sus necesidades satisfechas.

Sin embargo, no siempre colabora el *mundo* exterior. La leche no llega necesariamente a pedir de boca. La madre parece a veces cruelmente insensible frente al vehemente deseo de su retoño. Al crecer, el niño constatará que otras fuerzas poderosas pueden contrariar la satisfacción de sus deseos: hermanas más guapas, hermanos más fuertes, un padre alcohólico, una madre posesiva, compañeros de clase mejor vestidos, un tío extraño, profesores con mal carácter, entrenadores que les ponen en ridículo, o profesores de música impacientes. ¡Las fuerzas dirigidas contra él proceden de todas partes! Por lo tanto, el niño aprenderá rápidamente a protegerse contras las fuerzas imprevisibles de su entorno.

En general, los padres lanzan a sus hijos uno de estos dos mensajes: "Queremos que seas feliz" o "Queremos que seas bueno."

El *Yo*, lleno de pulsiones, de aspiraciones y de sueños para su propio bienestar se halla confrontado a un mundo lleno de expectativas, de reglas y de restricciones que se oponen a las metas que tiene. La manera en la que los niños resolverán la tensión entre los deseos de su ego y las exigencias del mundo que les rodea dependerá en gran medida del modo en el que los padres juegan su papel de mundo inmediato para ellos. En general, los padres lanzan a sus hijos uno de estos dos mensajes: "Queremos que seas feliz" o "Queremos que seas bueno". Por cierto, todos los padres desean que sean a la vez buenos y felices, pero uno de estos dos mensajes tiene clara preeminencia.

Si los padres conceden prioridad a la felicidad de sus hijos, (y consideran que el sentirse valorado y el proveer de ventajas, son las cosas más importantes que el mundo les pueda ofrecer para asegurar la felicidad), se animará a los niños en su predisposición a *valorarse a ellos mismos* a expensas de los demás. El mundo existe para ellos. La satisfacción de sus deseos profundos, a los que son más y más sensibles, llegará a ser su meta última. Toda su vida será una búsqueda de cómo utilizar a los demás para alcanzar su objetivo esencial, o sea, tener personalmente gozo y bienestar.

Si los padres dicen: "Queremos que seas bueno", el niño nota que la tensión entre el *ego* y el mundo que le rodea sube de nivel. Algunos niños alivian esta tensión al abandonar su *ego* y al reprimir, a despecho, sus deseos: "No importa quién soy ni como me siento. Si hago caso a mis deseos, encuentro dificultades y me siento desdichado, así que prefiero ignorarlos. Haré todo lo que un mundo más poderoso que yo me exija." (Esta actitud contribuye al desprecio hacia uno mismo, que no tiene nada que ver con la humildad en el sentido bíblico.)

Otros que han sido educados en hogares tipo "Queremos que seas bueno", viven la tensión entre sus deseos internos y las exigencias externas, oponiéndose a las reglas y traspasando los límites del mundo que les rodea para protegerse. Su actitud parece decir: "Tengo que cuidar de mí mismo. No seré útil a nadie si antes no consigo amarme a mí mismo. Pero, dado que el mundo que me rodea no parece interesado en ayudarme a amarme, yo mismo me encargaré de ello[3].

---

[3] El segundo mensaje, "Queremos que seas bueno", emana a menudo de un deseo consciente y loable de padres que quieren que sus hijos sean seres responsables. Pero se apoya

Complacerse a uno mismo y conformarse a los demás

Estas diferentes formas de interacción con nuestro entorno contribuyen a crear en nosotros mismos una de dos motivaciones profundas siguientes: *la complacencia en uno mismo* o *la conformidad a los demás*. O bien nos interesamos de manera excesiva por nosotros mismos, presentando descaradamente un egocentrismo que justificamos, o bien nos esforzamos sin parar intentando satisfacer las expectativas de todo el mundo para ahorrarnos toda crítica, los abusos y el rechazo. Estas dos preocupaciones fundamentales moldean también nuestra teología.

Para los que se complacen en ellos mismos, Dios es poco más que aquel que responde de manera previsible a todas sus necesidades. Llega a ser el mundo perfecto que el *ego* exige para poder realizarse. Estas personas se acostumbran a adorar a Dios porque se interesa por ellos y les provee de lo que necesitan, y no por otra motivación. Su gracia les da una buena conciencia y justifica la licencia para el *"ombliguismo* cristianizado"*: "Si Dios me ama hasta el punto de enviar a su Hijo a morir por mí, debo tener un valor inestimable. Por lo tanto es justo que dedique toda mi energía a valorarme a mí mismo como él lo hace. El mal supremo es tener una mediocre auto-estima."

Los conformistas defienden una comprensión más estructurada y reservada del cristianismo, una comprensión centrada en la precisión doctrinal y en la obediencia a los mandamientos. Se esfuerzan mucho para curar el mal de la permisividad moral con el virus mortal del legalismo. Al insistir desmedida-

---

a menudo en una definición de bueno que equivale a: "No debes hacer daño a nadie, y especialmente a tus padres". Descuidando a sus hijos, rechazándoles y castigándoles severamente, los padres obligan a sus retoños a no perturbar su propio confort. En estas familias, "Sé bueno", significa: "No molestes", es decir: "No seas lo que no nos gusta".

mente en el legalismo, la obediencia a los mandamientos se convierte en un fin en sí mismo, más satisfactorio que descubrir a Dios y relacionarse con él. Su apego orgulloso a la verdad les empuja a una forma de obediencia que nunca contribuye a buenas relaciones.

Ni los complacientes, ni los conformistas tienen la pasión de conocer a alguien o algo más grande que ellos mismos. Y su vida no tiene meta más elevada que su auto-protección personal.

Si vuestra aspiración más profunda es protegeros de un mundo exigente conformándoos a él, la mejor manera de vivir es ahogar la menor chispa de deseo del yo bajo la pesada manta de la cooperación con el mundo, y luego vanagloriarse de esta cooperación como si fuera una virtud religiosa. El conformista razona en general así: "Lo que soy no cuenta mucho. La curación de las heridas padecidas en mi infancia no tiene tanta importancia como el respeto a las reglas. La obediencia lo cura todo. Por lo tanto, solo tengo que creer lo que es verdadero y actuar en consecuencia. Tengo que hacer lo que está bien, poco importa lo que siento. Entonces todo irá bien."

Si bien pretenden abiertamente que Dios está en el centro de sus preocupaciones, los conformistas están enfocados hacia ellos mismos tanto como los que se complacen en sí mismos. Han decidido de una vez para siempre que el mejor modo de vivir es ignorar los deseos de su ser interior y vivir bajo la batuta del mundo exterior. Pero han hecho esta elección *para protegerse, para no ser destruidos por un mundo insensible.* Su decisión no es menos egocéntrica que la que ha tomado el que se preocupa por valorarse a sí mismo.

El desarrollo del deseo natural

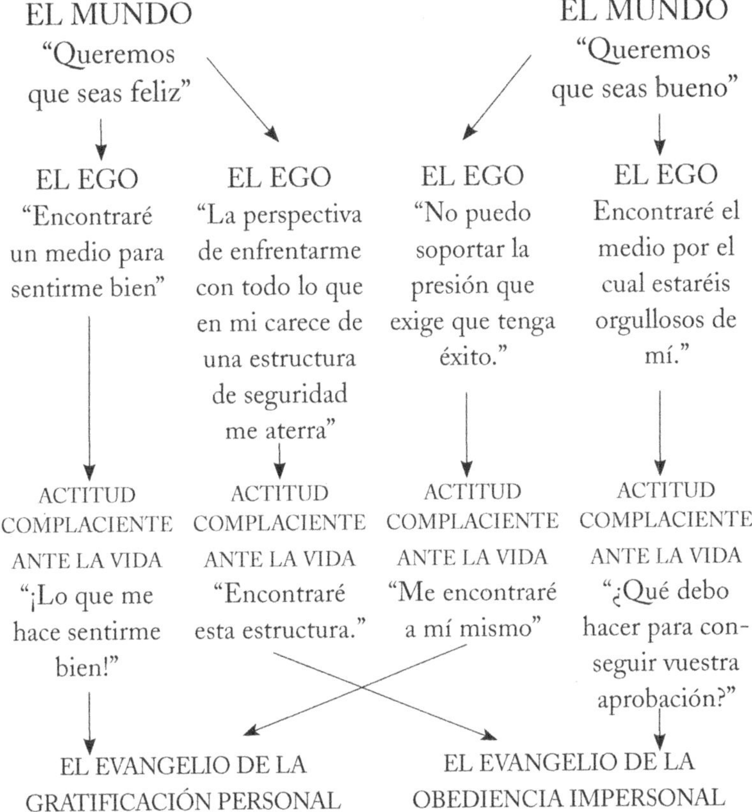

Ni los complacientes, ni los conformistas tienen la pasión de conocer a alguien o algo más grande que ellos mismos. Y su vida no tiene meta más elevada que su auto-protección personal. El esquema de arriba ilustra de modo sencillo lo que he dicho hasta ahora.

¿Qué hay que hacer para romper con el concepto de la vida centrada sobre uno mismo, alimentada por la complacencia en los deseos propios o la conformidad con los deseos de otros, y para desarrollar una pasión trascendental hacia la búsqueda y el deleite en Dios?

Pablo declaraba que consideraba "todas las cosas como pérdida por la excelencia del conocimiento de Jesucristo" (Fil 3.8). ¿Cómo suscitar en nosotros semejante entusiasmo hacia Cristo, un amor tan ardiente que eclipse cualquier otra pasión? ¿Cómo desarrollar una pasión sobrenatural, no para encontrarnos a nosotros mismos o sacarnos de apuros en la vida, sino una pasión por Dios que sea tan fuerte como para hacernos anhelar una revelación mucho mayor de su persona?

CAPÍTULO 4

Una pasión sobrenatural

No es posible suscitar una verdadera pasión por Dios mediante un simple acto de voluntad. No existe ninguna fórmula que sea capaz de producir este poderoso sentimiento que deseamos con todo nuestro ser. Los periodos de ayuno, los momentos consagrados al estudio regular de la Palabra de Dios, la disciplina de vida que uno se impone para resistir a las tentaciones, la generosidad, la adoración entusiasta, son cosas excelentes, pero no suficientes para llenarnos de un amor que desborda para con Dios.

Una verdadera pasión por Dios es la obra del Espíritu Santo. Él es quien impacta nuestro corazón para que nos fijemos en Cristo. Él es quien desvela la realidad extraordinaria del Hijo de Dios, a través de todas las Escrituras. Sigue siendo el Espíritu Santo quien nos reprende con amor y firmeza cuando cavamos cisternas rotas, cuando no queremos venir a Cristo para saciarnos de la fuente de aguas vivas. Nos da la fuerza para rechazar la comida rápida, que es apetitosa pero que no alimenta bien. En cambio, nos convence para deleitarnos de los manjares más exquisitos.

Pocos de nosotros experimentan la obra poderosa del Espíritu Santo, porque aun cuando Dios mismo nos introduce en una relación de amor para con él, no lo hace sin nuestra cooperación. Nos pide arar el suelo rugoso de nuestro corazón para que pueda recibir la semilla del Espíritu Santo. Este trabajo no es fácil.

El Espíritu de Dios permitirá que ahondemos en nuestro conocimiento de Cristo en la medida en que aceptemos enfrentarnos a algunas verdades aterradoras sobre nosotros mismos y sobre la vida; verdades que o nos destruirán, o nos moverán a confiar más en el Señor. A cada creyente, el Espíritu Santo le revela justo lo necesario sobre Dios para que pueda subir el siguiente escalón de honestidad personal.

Si decidimos hacer frente a las duras realidades que el Espíritu Santo nos permite enfrentar, nos concederá a continuación una visión más amplia de Dios que permitirá que todo el proceso se lleve a cabo. Si le damos la espalda a estas realidades, rehusando creer que Dios tiene el poder para guardarnos intactos, incluso en medio de los peores sufrimientos, apagamos el Espíritu. No nos revelará nada más acerca de Dios.

Si pues deseamos realmente encontrar a Dios, nuestro papel consistirá en considerar honestamente estas realidades perturbadoras de nuestra personalidad y de nuestra vida – realidades que podrían eliminar todo nuestro gozo si Dios no nos diera esperanza.

El Espíritu Santo clarificará poco a poco la imagen borrosa que tenemos de Dios, mientras buscamos conocerlo mejor. Esta *toma de conciencia* de lo que somos nos *inmovilizará* en un estado de *expectativa* espiritual en el que anhelaremos oír la voz de Dios.

Permitidme definir en pocas palabras los términos claves de esta última frase antes de examinarla de manera más profunda.

Toma de conciencia: descubrimiento progresivo de lo que ocurre realmente en nosotros y en nuestras relaciones, y la determinación de no esconder de ello nada.

Inmovilidad: silencio interior, pérdida de energía que procede del descubrimiento de que ningún esfuerzo nos permitirá redescubrir la felicidad del huerto de Edén.

Expectativa: aguardar intensamente que Dios se revele a nosotros.

Toma de conciencia

Los cristianos que maduran son seres *lúcidos*. Hacen frente a la vida tal como es, y no hacen teatro. Les atrae más conocer a Cristo que recrearse en su valor personal. Tanto les maravilla la belleza del Señor que esto les libera de la necesidad de aprovechar cualquier ocasión para "realizarse". Se agarran a su esperanza en Cristo cuando vienen días malos en los que parece más fácil insensibilizarse a sí mismos que padecer otro golpe de la vida.

Todos *tememos* que la vida llegue a ser insoportable y que nos pueda más, pero no queremos *admitir* este miedo. Pues estaríamos entonces obligados a vivir en una dependencia aterradora de Dios. Ahora bien, la trama de nuestra vida tiene tantos desgarrones que es irreparable. Leyes, terapias, acción social, proyectos de iglesia, seminarios sobre el crecimiento personal, nada puede volver a coser los pedazos juntos. Cuando tomamos conciencia de que nunca llegaremos a reparar perfectamente el tejido de la vida, nos sentimos en primer lugar desanimados y abatidos, y estos sentimientos pueden perdurar mucho tiempo. Sin embargo, el Espíritu Santo acaba por convencernos de volver a la realidad terrestre y de armarnos de hilo y aguja para reparar lo que podamos hasta que el Sastre divino vuelva y teja nuevos cielos y nueva tierra.

Nunca podremos remendar totalmente los desgarrones: solo Dios lo puede. Pero tenemos una meta mucho mayor que la de recoser simplemente la vida: conocer a Dios y hacer de él nuestras delicias.

¿Qué debemos hacer para llegar a ser más conscientes de las cosas que solemos negar y poder así conocer a Dios más íntimamente? Cuanto más conscientes seamos de algunas verdades sobre la realidad de la vida, tanto más anhelaremos conocer a Dios, y tanto menos seremos tentados de resolver nuestros problemas inmediatos.

He aquí cinco verdades a las que intento enfrentarme más y más en mi búsqueda de Dios. No se pueden aprender tan solo leyéndolas en un libro, sino solo si las experimentamos en nuestra vida. Mientras examináis vuestra vida con toda sinceridad, quizás Dios las use para atraeros más cerca de él.

Nuestros anhelos más profundos quedan insatisfechos

C.S. Lewis dijo un día: "Si descubro en mí un deseo que ninguna experiencia en el mundo puede satisfacer, la explicación más probable es que he sido creado para otro mundo."

Con todo, siento que me agarro a este mundo y a los placeres legítimos que procura. Mi cabeza está llena de recuerdos de partidos de tenis: mi hermano Bill sacando sobre el revés de papá, yo en la red esperando interceptar el resto. Al final del partido, todos bebíamos el té helado que había preparado mamá para los cuatro que éramos en aquel entonces.

Más tarde, otras vez cuatro, pero ahora en compañía de mi mujer Raquel, y de nuestros dos hijos Kep y Ken. Visitamos el Gran Cañón, las islas del sur de Florida con los padres de Raquel, luego un centro misionero en Colombia, en América del sur; los momentos pasados juntos saboreando la pizza o los cruasanes de pollo (una especialidad de Raquel), mirando el torneo de Wimbledon en una pantalla gigante, o sencillamente hablando sobre la tensiones familiares.

Nuestros dos hijos son adultos ahora, cada uno ha hecho su vida. Raquel y yo apreciamos mucho el tiempo que tenemos para vivir juntos los dos. Nunca nos hemos sentido tan cerca el uno del otro. Sin embargo, a veces pensamos con nostalgia en los tiempos pasados. Mis suegros tienen ochenta y tantos años. Mi mujer y yo perdimos cada uno un hermano en un accidente de aviación, en el caso de su hermano hace más de veinticinco años. Pero el dolor de esta pérdida no se ha atenuado con el tiempo.

Los mayores placeres de la vida no pueden satisfacernos – apuntan al porvenir.

Las cosas han cambiado. Y aunque saboreo las bendiciones de mi vida presente, me lamento sobre los años que pasan, sobre los cambios que ocurrieron en mi familia, sobre la muerte de mi hermano y de mi cuñado. Deseo lo que esta vida no me puede proporcionar. Aspiro a conocer placeres intensos, legítimos y sin fin.

Sepamos apreciar las buenas cosas de la vida, hacer buen uso de ellas, pues es Dios que "nos da todas las cosas en abundancia para que las disfrutemos". (1Tim 6.17). Pero solo se trata de entrantes, de tapas. El plato principal está aún por venir. Vivir en una estrecha comunión con Cristo es el mejor modo que tenemos para abrirnos el apetito en la perspectiva de este festín. Ninguna otra cosa que la "grosura" (Is 55.2) podrá colmar nuestra alma.

¡Desgraciadamente, muchos de entre nosotros intentan sustituir el verdadero plato principal por unas pequeñas tapas, lamentándose luego de que no están saciados! Creemos que estaremos plenamente satisfechos si nos casamos con el conyugue ideal, o teniendo el trabajo que nos guste y nos colme, o teniendo suficiente dinero para comprar todo lo que deseamos. Repito: estas realidades si bien son buenas, solo son pequeñas tapas. ¿Por qué nuestras papilas gustativas prefieren lo bueno a lo que es mejor? ¿Por qué debemos tomarle el gusto a Cristo?

Nos damos cuenta de que tenemos hambre de una realidad distinta a las pequeñas tapas de la vida, y sin embargo, hacemos todo para evitar esta constatación. O bien callamos nuestra hambre profunda mediante todo tipo de actividades, de trivialidades o de placeres, o bien nos centramos tanto en el lado oscuro de la vida que nos engañamos pensando que controlamos las cosas: cada nueva mirada lanzada a la espantosa complejidad de la vida, cada nueva toma de conciencia de los terribles sufrimientos que hemos padecido, alimenta la falsa esperanza de que el mero hecho de reconocer el dolor nos permitirá, en cierto modo, triunfar noblemente sobre él. Y sin embargo, nos sigue atenazando el hambre. Si queremos desarrollar una mayor sensibilidad hacia Dios debemos admitir nuestro hambre, reconocer su origen y lo que lo puede satisfacer. Sepamos que la sed de Dios está suscitada por el mismo Dios y que no será nunca totalmente saciada aquí abajo. Los mayores placeres de la vida no pueden satisfacernos – apuntan al porvenir. Mientras no estemos reunidos con Cristo en el cielo, permanecerá en el fondo de nuestro corazón un anhelo por algo más que nunca será saciado.

La vida de los demás da testimonio del valor que dan a un mejor conocimiento de Dios

Tenemos aquí una segunda verdad importante: algunos creyentes, la excepción por cierto, dan testimonio de que es posible conocer mejor a Dios. Se desmarcan de los demás, no porque hacen más, o porque parecen particularmente colmados de dones y que su ministerio es ricamente bendecido, sino sencillamente porque son personas más nobles.

Lo que nos atrae en ellos, no es su superioridad moral o su capacidad para amar, sino la impresión que nos dejan de conocer a Dios más íntimamente que nosotros.

Las Escrituras cuentan numerosos relatos de personas comunes, débiles, pecadores, caracterizadas por frecuentes caídas y que, sin embargo, encontraron el camino de acceso para estar con Dios y no lo han dejado. Oseas testificó con elocuencia acerca de la compasión de Dios aun cuando su corazón estaba desgarrado por la conducta adúltera de su mujer. Habacuc caminó sobre las cumbres si bien temblaba de espanto ante la destrucción inminente de su pueblo. El odio de sus amigos no consiguió apagar la llama en el corazón de Jeremías. Y en cuanto a Pedro, tanto le marcó el recuerdo del sacrificio de Cristo, que no se sentía digno de morir en la misma posición que su Señor. Pidió ser crucificado boca abajo.

Ahora bien, no necesitamos remontarnos a los tiempos bíblicos para encontrar personas destacadas. En nuestro camino se cruzó probablemente un creyente en cuya presencia nos hemos sentido extrañamente pequeños, un creyente que hablaba de Cristo con esta calurosa familiaridad de una amistad íntima, alguien que había conocido la soledad y el quebrantamiento interior y que había probado toda la tristeza de esta situación sin quejarse, porque había visto en este sufrimiento un privilegio –doloroso por cierto– que le acercaba mucho a Cristo. Algunos creyentes hablan de su abundancia en Cristo, pero solo son palabras en el aire que no tienen consistencia; estas personas suscitan en los demás más un sentimiento de culpabilidad que una sed de conocer a su vez mejor a Dios. Pero los pocos que son de verdad los íntimos de Dios, nos incitan a sacrificarlo todo para llegar a su nivel de conocimiento del Señor.

Casi todos son creyentes con cierta edad, poco dados a hablar de si mismos. Así que es fácil no reparar en ellos. Tenemos tendencia a arrinconarles bajo el pretexto de que son demasiado viejos o desfasados, de que no entienden nada de las dificultades psicológicas de la vida moderna, de que se han confinado en una teología estrecha que no deja lugar al espíritu del hombre para respirar y desarrollarse, y de que están demasiado focalizados en ideas que no se aplican a la vida diaria.

Sin embargo, deberíamos escuchar a estos hombres y a estas mujeres en los que el apego a Dios es tan fuerte que se han desprendido de todo lo demás. Es en el contacto con estas personas cuando se forma una santa envidia, un deseo inmenso de conocer mejor a Dios.

Somos irremediablemente egoístas

La tercera verdad importante es que somos incurablemente egoístas. Nos colocamos a nosotros y a nuestro bienestar en el primer lugar de nuestras preocupaciones. Además, para empeorar aún más las cosas, no estamos en absoluto dispuestos a reconocer hasta qué punto somos egocéntricos.

La cultura actual que nos envuelve nos anima en esta lacra. Está dirigida enteramente hacia la curación de nuestro *ego* que padece de subdesarrollo, de incomprensión, de restricciones, de humillación y de malos tratos. El pensamiento contemporáneo nos anima encarecidamente a encontrarnos a nosotros mismos, a triunfar sobre nuestro sentimiento de vergüenza, a buscar nuestra auto-realización. Como consecuencia, nos importa más la curación de nuestros sufrimientos que el perdón de nuestros pecados; consideramos que la bondad de Dios se da por sentado y no nos maravillamos de la sorpresa de la gracia; pensamos que su objetivo es ayudarnos en el presente más que desarrollar en nosotros una mayor humildad.

Uno de mis amigos se casó con una mujer de carácter enormemente difícil. Es fría, criticona y vengativa. La primera mujer en su vida no era mejor: su madre era y, sigue siendo, una persona alcohólica e irascible. Este hombre creció en un entorno donde se cometieron graves abusos emocionales.

Nos importa más la curación de nuestros sufrimientos que el perdón de nuestros pecados.

Mi amigo sufre, pero no es su falta. Sea cual sea su responsabilidad en la elección de su mujer y quizás también en su incapacidad para llevar mejor las relaciones con su madre y su esposa, sigue siendo una víctima. Está herido por los pecados de otros.

Sin duda, este hombre necesita recibir ánimo. Necesita saber que el trato humillante al que está sometido no tiene nada que ver con su valor personal. Debe aprender a fijar límites entre él y los que le hacen daño, rehusando por ejemplo hablar con su madre cuando le critica y le trata de manera degradante.

Sin embargo, el gozo para él no radicará en curarse de sus heridas pasadas, ni en el hecho de fijar límites, sino en reconocer la determinación con la que busca su propio bienestar como bien le parece, y arrepentirse de esta tendencia. Cada vez que esta determinación es más importante que su deseo de conocer a Dios y de hacerlo conocer a otros, mi amigo está mal encaminado. Su principal problema es el pecado, no el sufrimiento.

Debemos aprender a considerarnos, en primer lugar, como pecadores antes que como heridos. Debemos reconocer la presencia de esta horrible energía egocéntrica en cada una de nuestras conversaciones. Al tomar más y más conciencia de nuestro egocentrismo, constataremos que nuestra exigencia de sentirnos mejor se atenúa ante una humildad en alza. La toma de conciencia de nuestro egocentrismo nos pondrá en contacto con nuestro anhelo por un corazón puro y un espíritu generoso. La toma de conciencia del perdón de Dios nos llenará de asombro y de agradecimiento por ser aceptados por Aquel que nos ve en nuestra peor faceta.

Cuando estemos sencilla y profundamente asombrados cantando el cántico "Sublime gracia", nuestras luchas para hallar nuestra identidad pasarán a *un segundo plano, en beneficio de una fascinación* por el carácter de Aquel que pudo amar de verdad a personas que le escupieron en la cara. Y una vez centrada nuestra atención en Cristo, es decir donde corresponde, nuestra identidad personal hallará poco a poco su expresión.

El Espíritu Santo es una persona que actúa en nuestra vida

El Espíritu Santo no es una fuerza impersonal que se puede explotar, como la electricidad, ni una máquina divina que transforma automáticamente una existencia gris en una vida apasionante. El Espíritu Santo es una *persona* que está obrando en nuestra vida. Es una persona a todos los respectos, tan real como nuestro cónyuge o nuestros hijos, ahora bien es una persona sobrenatural cuya presencia nos parece extraña sencillamente porque al tener nuestros sentidos embotados, el mundo que contemplan nuestros ojos nos parece más real que aquél que mora en él.

Caemos con facilidad en dos extremos opuestos. O bien huimos de todo lo que es sobrenatural, o bien esperamos sus manifestaciones a pedir de boca. El equilibrio consiste sin duda en permanecer atento y abierto al movimiento del Espíritu Santo, a ser sensible a su presencia escuchando el ruido del viento, pero sin sacudir nosotros el árbol para mover las hojas.

Dios siempre está llevando a cabo algo. Nuestro papel es permanecer sensibles a lo que hace, sea lo que sea. Una cosa es segura: cuando el Espíritu sopla, sentimos un gran quebrantamiento y una irresistible atracción. Los viejos fundamentos se desmoronan y nos quebrantamos para alcanzar nuevas cumbres. Su deleite es elevarnos a un plano a la vez misterioso y tiernamente familiar.

Nos es difícil entrar en una realidad que no podemos ver. Pero, cuando el Espíritu abre la puerta, cuando llegamos a echar una ojeada al otro lado, nos es imposible permanecer en el nivel donde estábamos.

Caemos con facilidad en dos extremos opuestos. O bien huimos de todo lo que es sobrenatural, o bien esperamos sus manifestaciones a pedir de boca.

Cuanto más meditamos sobre la presencia perturbadora del Espíritu Santo en nosotros, sobre su único objetivo, que es promover a Cristo, y sobre su poder trascendental que nos permite progresar, tanto más nos daremos cuenta hasta qué punto llega nuestra arrogancia al querer o bien ignorarlo, o bien pretender que hemos entendido todas sus intenciones. Y tanto más estaremos en la medida de constatar hasta qué punto anhelamos que siga su obra en nosotros.

El sufrimiento es inevitable

La última verdad importante es que el sufrimiento es inevitable. Las personas orgullosas buscan explicaciones para todas las cosas que no van bien. El hecho de descubrir que el miedo a la intimidad está ligado a abusos padecidos en la infancia, nos da la impresión de poder controlar mejor nuestra vida. Al menos tenemos un elemento sobre el cual podemos actuar para mejorar nuestra condición. Al reflexionar intensamente sobre la condición humana y al aventurar teorías para explicarlo todo, el hombre destruye el componente de misterio y mantiene la ilusión de que gracias a su conocimiento y a sus esfuerzos, puede tomar eficazmente su destino en sus manos y así poner fin a sus sufrimientos.

Una breve estancia en un país del tercer mundo, donde la gente vive con unas nociones de bienestar enormemente diferente de las nuestras, puede reajustar nuestra perspectiva y alinearla sobre las de la eternidad. Por supuesto, es bueno aliviar el sufrimiento siempre que podamos, así como promover la restauración de las personas y su bienestar físico, pero hay algo mucho más importante.

Hay más en la vida que la recuperación después de duras pruebas. Ni el sufrimiento personal, ni la lucha de millones de seres humanos por su supervivencia, pueden servirnos de guía para la organización de nuestra vida. *La esperanza futura es más valiosa que el alivio presente*. Mientras no entendamos esta lección, no estaremos en el camino que lleva a Dios.

Inmobilidad

Pese a todos nuestros esfuerzos, la vida nunca transcurre como nos apetecería. No responde a nuestras expectativas. Incluso las personas más felices tienen momentos de grandes sufrimientos. En cuanto aceptamos este hecho, un cambio importante tiene lugar: la determinación con la que nos esforzamos en hacer que nuestra vida sea agradable va a perder fuelle, empezaremos a ir más despacio y estaremos más abiertos para posibles cambios de dirección.

Cuando tomamos conciencia de nuestro sufrimiento incurable, solemos clamar a Dios en una mezcla de ira y de tristeza. "¡Sana nuestro sufrimiento! ¡Líbranos de nuestros enemigos!" Sin embargo, Dios no contesta como queremos, y acabamos por desplomarnos, agotados, y privados de la energía que nos hace falta para aliviarnos de nuestros problemas.

Como el agotamiento nos inmoviliza, como renunciamos a mejorar nuestra suerte, nos vemos poco a poco más libres para buscar a Dios. Estamos desesperadamente impacientes, no por encontrar soluciones que provienen de Dios, sino por entrar en comunión con él. La lucidez en cuanto a nosotros mismos, a la vida y a Dios nos reduce al silencio y nos hace ver con vergüenza y asco nuestros esfuerzos desplegados para mejorar nuestra condición de vida. Pero, ¿para qué complicarse la vida? No vale la pena. Nada de lo que yo podría hacer me puede dar lo que mi alma tanto ansía.

Nos hallamos entonces reducidos a una total inactividad, en silencio y abiertos ante Dios. Incapaces de mejorar nuestra condición, perplejos y sin fuerzas, nos lanzamos a los pies de Cristo con temor y temblor porque no ha permitido dejarse manipular por nosotros. Nos ordena, en cambio, "Parad, y reconoced que soy Dios" (Sal 46.11).

Bajo un dolor indecible que solo las personas paralizadas por el silencio pueden experimentar, sentimos hasta qué punto es intenso nuestro deseo de saborear a Cristo, y ¡con qué insistencia suplicamos a Dios que nos permita encontrarlo! Luego, animados por un anhelo inexpresable, gemimos con toda nuestra alma para conocerlo, tendidos, rostros en tierra, postrados bajo el frío cielo, temiendo levantar la mirada, por momentos deseando que Dios nos abandone a nuestra miserable condición, en vez de destruirnos por su presencia; a veces esperando contra toda esperanza que nos manifieste su compasión y su amor infinito. Pasan los minutos, los años a veces. Y seguimos allí, tendidos en tierra y en silencio.

Más de una vez me levanté a las dos de la madrugada, incapaz de conciliar el sueño, a causa de los pensamientos de ira o de espanto que me avasallaban. Empieza a veces de manera anodina, por ejemplo cuando recuerdo de repente la fecha tope para hacer la declaración de la renta, o la conferencia que debo dar el miércoles siguiente y que todavía no está preparada.

Luego, como una bola de billar que da con otras, este único pensamiento arrastra un sin fin de otros: llamadas telefónicas que hay que hacer, conflictos por resolver, correos que responder, decisiones difíciles de tomar y que no puedo postergar. Empiezo a sudar y me invade un extraño malestar que parece tener su origen fuera de las responsabilidades a las que debo hacer frente. La vida me aplasta. No estoy por más tiempo en condiciones de responder a sus exigencias.

Me siento furioso contra cualquiera que me pida un favor por pequeño que sea. ¿Por qué no hay nadie que me pueda comprender y concederme un poco de descanso? Me resigno a regañadientes, nadie me dejará un respiro, ni siquiera Dios. No será él quien me haga la declaración de renta.

Por consiguiente, hago esfuerzos para subir la montaña. Preparo planes estratégicos. Mañana, reagruparé todas las facturas del ejercicio pasado, luego, después de las tres citas que lamento haber aceptado, plasmaré las grandes líneas de mi conferencia. O quizás, las podría anular. Pero no, no sería una forma responsable de actuar. Sin embargo, me apremia el tiempo. Mis clientes deberían de entenderlo.

Una noche, hace ya varios meses, después de albergar semejantes pensamientos, estuve de pie al lado de mi cama, incapaz de moverme por alrededor de diez minutos. Finalmente, un calambre me obligó a volver a la cama. Me quedé tumbado una hora sin poder conciliar el sueño. "Dios, ¿dónde estás? ¿Qué estás haciendo? ¿No ves que estoy desesperado? *¿De qué me sirves?*

No tuve respuesta. Agotado e inmóvil, acabé por dormir, rendido pero anhelando con todo mi corazón oír una palabra de parte de Dios.

Expectativa

Mientras nos quedamos así, postrados, sin tratar de reanimar nuestro espíritu para levantarnos y seguir con nuestra vida, empezamos a distinguir una voz desconocida, poco perceptible al principio, luego más nítida y más real que todo lo que hayamos nunca oído. Nos exhorta a la oración, a alimentarnos de la Palabra de Dios, a vivir con la expectativa de que nuestros sueños más elevados pronto se llevarán a cabo.

La mañana que siguió a aquella noche de crisis, experimenté algo parecido a un avivamiento espiritual. Saliendo de mi sueño alterado, me sentía aún rígido, casi paralizado. No tenía ninguna energía. Con los movimientos de una marioneta movida por unos hilos, conseguí sacarme de la cama y meterme debajo de la ducha.

Sabía una cosa. Sin una revelación más profunda de Dios, no tendría ni energía, ni razón para hacer nada. Dependía enteramente de él.

Bajo la ducha, me vino un pensamiento que me impactó: otros también han atravesado las mismas dificultades que yo, y peores aún. Varios las soportaron con valentía y permanecieron fieles. Otros siguen avasallados por problemas. Después de todo, me dije a mi mismo, podría sacar mi fuerza de los que me precedieron y llegar a ser una fuente de ánimo para los que me siguen.

Recuerdo haber sonreído en este momento. Si esto fuera cierto, entonces todo esto me daba un motivo para cantar. Así que, respetando una admirable tradición me puse a cantar alegremente mientras un chorro de agua caliente acariciaba mis espaldas. Dios me había hablado. Había sido paralizado de terror, pero este estado me llevó a una expectativa que me permitió oír lo que el Señor quería comunicarme.

Las cosas pasan a menudo así: empezamos a experimentar una verdad que antes solo podíamos explicar; a saber: Dios no rechaza al que viene a él con el corazón contrito y el espíritu quebrantado. Sin darnos cuenta de que nos movemos de nuevo, en todo caso, sin esfuerzos conscientes, nos ponemos de pie, lentamente primero, luego llevados y animados como por una mano invisible. Descubrimos una manera de vivir que nos suena muy familiar. El sentimiento de una cita inminente con alguien que nunca hemos encontrado, pero que conocemos desde hace mucho tiempo, nos hace estremecernos en un profundo gozo.

Durante unos instantes, ardemos con el deseo de conocer a Cristo, de saborearle como saboreamos un sabroso plato nutritivo, de hacer de él nuestras delicias, como una esposa tiernamente amada goza de su noche de boda con su marido.

Nuestra vida de oración se ve transformada. A partir de este momento, hablamos con aquel que hemos descubierto en la Biblia como Padre, con todo lo que esto supone. Leemos la Biblia con un placer renovado. Las afirmaciones oídas en nuestra infancia que presentaban la Biblia como una carta de amor, empiezan a cobrar todo su significado. Nuestros corazones arden dentro de nosotros porque vemos a Cristo en cada relato, cada epístola. Llegamos a conocer al Espíritu Santo de una manera más personal y más presente; sentimos también nítidamente, tierna y poderosa a la vez, la mano paterna de Dios sobre nosotros.

Luego, como siempre pasa, el resplandor se desvanece. Miramos a nuestro alrededor y constatamos que seguimos fuera del huerto de Edén. Se estropea el coche, llamamos a la grúa, que tarda dos horas y nos hace pagar suplementos por sus servicios. Un avión se estrella y lamentamos la muerte de un marido, de un padre, de un hermano, de un amigo. Nuestro cuerpo se cansa más rápido, y casi cada día trae su lote de nuevos sufrimientos y limitaciones. El depósito de gasolina queda vacío. Los servicios públicos nos envían sus facturas. Una antigua depresión vuelve a reaparecer. Los problemas sexuales que pensábamos superados de una vez para siempre surgen de nuevo.

El patrono no hace caso cuando cumplimos una tarea con excelencia, que no recibirá su recompensa. Alguien nos echa algo en cara y empezamos a odiarnos a nosotros mismos. Un buen amigo se ve atrapado en una aventura. Una joven soltera anuncia a sus padres que está embarazada y arrestan a un hijo por posesión ilícita de droga.

¿El momento de encuentro con Dios era real, o era producto de nuestra imaginación? ¿Dios está de verdad presente? ¿Deseo de verdad y sinceramente conocerlo o busco sencillamente un medio de salir del paso y sentirme mejor? ¿Existe en Cristo un gozo verdadero *aparte* del que proviene de la bendición de tener hijos que siguen al Señor, buenos amigos, una salud de hierro y mucho dinero? ¿Me podría contentar con él y *solo él*?

Luego, nuestra atención vuelve a centrarse sobre nuestros anhelos insatisfechos, la influencia saludable que ejercen sobre nosotros hermanos piadosos, nuestro egocentrismo inveterado, la realidad del Espíritu de Dios, el carácter inevitable del sufrimiento, nuestra esperanza de días mejores, y todo esto nos paraliza nuevamente. La presión de tener que manejar todo aquello nosotros mismos se relaja, nos desplomamos, aturdidos por el descubrimiento sobrecogedor de nuestra alma, de la vida y de lo eterno: todo lo que deseamos es Dios, nada más que Dios. La esperanza vuelve a estremecernos, prueba de que no había muerto. Luego Dios nos habla. Nuevamente nuestra alma despierta junto con nuestro cuerpo que se levanta, y algo nos lleva a cantar, bailar, gritar de alegría.

Y sigue la vida. Otro día, otra frustración, otro placer. Pero ahora, mientras caminamos en la senda del día a día, algo ha cambiado. Nuestra atención se centra más fácilmente en Cristo. Poco a poco se opera una transformación en nosotros. Según algunos un brillo sale de nosotros, desprendemos una dulce fragancia.

¿Existe en Cristo un gozo verdadero aparte del que proviene de la bendición de tener hijos que siguen al Señor, buenos amigos, una salud de hierro y mucho dinero? ¿Me podría contentar con él y solo él?

Luego vendrá un día en el que dejaremos este mundo por otro mejor. El Señor nos dará un cálido abrazo de bienvenida. Y si no nos tuviera en sus brazos, caeríamos a sus pies por el respeto y el asombro que nos inspira. Reirá diciéndonos: "¡Mira detrás de ti!"Entonces veremos a nuestro hermano muerto años antes, al bebé que se nos murió al nacer, y al evangelista Lucas, y Elías, y Enoc. Nos tocará a nosotros reír, sin poder parar. Por fin se oirá la voz más dulce de toda la creación: "Bienvenido. ¡Por fin estás en casa!"

Sin embargo, tenemos todavía camino por recorrer antes de este momento. Solo acaba de empezar nuestro caminar en la tierra.

SEGUNDA PARTE

LOS OBSTÁCULOS EN EL DESCUBRIMIENTO DE DIOS

CAPÍTULO 5

Un mecanismo seriamente dañado

En los meses que siguieron al accidente de aviación que se llevó la vida de mi hermano, no paré de pedirle a Dios que usara la muerte de Bill para hacer de mí el hombre maduro que aspiro llegar a ser un día. No quería que esta prueba pasara en vano. Pensar que este drama pudiera producir cosas positivas, hacía que fuera más soportable. Este accidente me había hecho conocer una nueva dimensión del sufrimiento, y deseaba ahora que este dolor me llevara a vivir una nueva dimensión de madurez.

Quizás pedía también algo más. Soporto difícilmente vivir en un mundo caprichoso. Me gusta que las cosas tengan sentido, que estén bien ordenadas por alguien que sabe lo que hace. Odio el caos. Si hubiese crecido en madurez de modo espectacular después de la muerte de Bill, quizás hubiera podido aceptarla como el lado oscuro de un buen diseño. Fueran cuales fueran las razones de mi oración, una cosa es cierta: buscaba un camino que me llevara del dolor de mi alma hasta Dios. Y una vez encontrado, anhelaba que hiciera de mí un hombre mejor y, de mi mundo, un lugar algo menos desquiciado.

Notaréis la motivación detrás de mi búsqueda de Dios: buscaba *servirme de él* para conseguir lo que valoraba tanto (ser mejor y vivir en un entorno menos desquiciado) que no *hacer de él mis delicias*. Quería aprovecharme de su poder más que someterme a él.

Otra vez en una gran perplejidad

Hoy, casi un año después del accidente, al reflexionar sobre mi vida, concluyo que mi oración para conseguir un crecimiento en madurez no ha sido contestada como lo hubiera deseado, como tampoco lo fue la oración que le hice para que protegiera a mi familia aquel terrible mes de marzo. A pesar de mi profundo deseo de crecer en madurez, estoy otra vez en medio de una gran perplejidad. Si sale algo de brillo de mi persona, casi nunca lo noto. Y cuando por fin me parece vislumbrarlo, desaparece en seguida.

Sigo siendo demasiado irritable. La menor provocación produce en mí una ola de furor que se regodea al destruir todo a su paso. A veces, tengo la susceptibilidad de un niño malcriado. Si mi mujer critica lo que hago o reacciona mal a mis estados de ánimo, manifiesto a la vez una mezquindad deliciosamente poderosa y una inmadurez despreciable. ¿En qué he cambiado? Ya reaccionaba así hace un cuarto de siglo, cuando me casé con Raquel.

Notaréis la motivación detrás de mi búsqueda de Dios: buscaba servirme de él para conseguir lo que valoraba tanto, que no hacer de él mis delicias. Quería aprovecharme de su poder más que someterme a él.

Sigo sintiendo deseos impuros consumiéndome. El haber alcanzado la edad madura no ha refinado mi apetito. Unos sentimientos, algunos buenos, otros malos, van y vienen, a su antojo. Sin ninguna razón aparente, me invade un sentimiento de soledad que engulle todo rastro de gozo y debilita mi pasión habitual hacia las personas y las cosas.

Durante años, he tenido temporadas en las que me odiaba cada vez que me sentía no deseado e indeseable. Este desprecio hacia mí mismo se puede comparar a una manzana envenenada. Visto de lejos, tengo toda la pinta de una fruta apetitosa. Si alguien se acerca a mí para tocarme, conservo todavía mi pinta apetecible. Pero el que se arriesga a hincarme el diente, saldrá con un horrible mal de estómago, quizás letal.

Estos sentimientos envenenados deforman seriamente mi manera de pensar, me privan de gran parte de mi energía productiva y me atrincheran en el gozo perverso del refunfuñar.

En ocasiones, pierdo de vista lo que Dios quiere hacer a través de mí. Cuando esto ocurre, me invade el pánico o caigo en una total indiferencia. Cuando estoy preso por el pánico, acepto frenéticamente cualquier invitación para dar conferencias, organizar seminarios o ayudar a personas en dificultad, porque prefiero tomar el riesgo de quemarme por sobrecarga que el de ser arrinconado. Cuando se instala la apatía, me siento agredido por personas que quieren explotar mis dones pero que no se preocupan por mí.

¿Estoy en la senda del progreso? o ¿al contrario voy empeorando? ¿Me encaminó mi insaciable búsqueda de Dios en la senda de una comunión envidiable con Cristo? o ¿estoy todavía en un camino equivocado? o ¿sigo estando en el mismo punto que antes?

Encontrar a Dios en esta vida no quiere decir construir una casa en un país en el que no hay nunca tempestades; es más bien construir una casa que ninguna tempestad puede destruir.

Las personas que me conocen dirán que esbozo un retrato injustamente negativo y oscuro de mi persona. Afortunadamente, estoy de acuerdo con ellos. Todo lo que he dicho es cierto, pero no corresponde a toda la verdad. Reconozco con mucho gusto que soy también generoso, a menudo considerado, a veces amable hasta el sacrificio. Trabajo duro. Estoy profundamente apegado a mi familia. Tomo mi fe muy a pecho. Relleno mi declaración de la renta con honestidad y si me encuentro en un hotel lejos de los míos, no hago nada inmoral. He ejercido una influencia saludable en la vida de muchos. Hoy, conozco mejor a Dios que nunca antes.

Sin embargo, un examen minucioso de mi vida deja translucir numerosas lagunas. Anhelo ser lo que no soy, experimentar lo que casi nunca siento, amar como nunca he amado. Me siento demasiado a menudo débil, vacío, agitado, solitario, preocupado, irritado y celoso. ¿Pueden estas emociones coexistir con la madurez, o son la prueba de lo contrario?

Una cosa es segura. Comparado al modelo del hombre perfecto, que solo Cristo encarna plenamente, tenemos todos ante nosotros un camino más largo que el que ya hemos recorrido. La supresión de todas las luchas y la facultad de amar a otros perfectamente caracterizan la vida en el cielo y no la madurez sobre esta tierra. Sea cual fuere la intimidad con la que conozco al Señor, mientras no lo vea cara a cara, mi vida seguirá siendo siempre mediocre, y la vuestra también. Encontrar a Dios en esta vida no quiere decir construir una casa en un país en el que no hay nunca tempestades; es más bien construir una casa que ninguna tempestad puede destruir.

¿Estoy edificando una casa semejante? ¿Y vosotros? En nuestras dificultades, ¿luchamos de un modo que nos permite descubrir a Dios? ¿Sabemos lo que es cavar suficientemente como para encontrar otra cosa que nuevas dificultades: para encontrar a Alguien que nos transciende? ¿Hemos llegado a la roca?

Un conocimiento rudimentario de Dios

Han pasado dos años desde que hice la siguiente oración: "Señor, sé que eres todo lo que poseo, pero no te conozco lo bastante para que seas todo lo que necesito. Permite que te pueda descubrir." En estos meses, he aprendido que ni la disciplina personal, ni la exploración de mi ser íntimo me pueden conducir donde yo quiero ir. La confesión de pecado, la reconciliación con amigos con los que tenía cuentas pendientes, el tiempo regular consagrado a la Palabra de Dios son prácticas buenas y necesarias. No obstante, cuanto más lucho con mi vida tal y como es, tanto más me doy cuenta de que una vida espiritual disciplinada no me permitirá tener más que un conocimiento rudimentario de Dios.

El análisis más profundo de mis motivaciones y la introspección en el pasado para establecer relaciones de causa a efecto entre las heridas recibidas en mi infancia y mis luchas presentes, contribuyen más a la frustración que a la esperanza. Este auto-examen puede ayudarme a conocer*me* mejor, pero es *Dios* a quien quiero conocer. Las innumerables horas dedicadas a aconsejar a centenares de personas me han probado que poner el énfasis en un mejor conocimiento de uno mismo raras veces conduce a un conocimiento más profundo de Dios. Buscar conocerse mejor a uno mismo para encontrar a Dios —sin hacer nada más— es como pasar horas examinando la radiografía de unos pulmones enfermos, sin someterse nunca a una intervención quirúrgica.

Ni la disciplina personal, ni el conocimiento más profundo de uno mismo nos pueden conducir donde deseamos ir. La primera actitud crea a menudo un fariseo satisfecho de sí mismo; la segunda, un hombre moderno liberado, pero que solo piensa en realizarse a sí mismo. ¿Qué hacer? Me aproximo a los cincuenta años y me perturban numerosos problemas. Partes importantes de lo que hay dentro de mí y alrededor de mí siguen siendo misterios para mí. Pierdo confianza en mi aptitud para navegar en las aguas turbulentas de las relaciones personales y de las responsabilidades y; sin embargo, más que nunca, anhelo atravesarlas para alcanzar el puerto tranquilo y sereno situado al otro lado.

El razonamiento falseado dentro de nosotros

Cuanto más me propongo encontrar a Dios en medio de las luchas de la vida, más me doy cuenta de que hay en mí un elemento terriblemente falseado, algo tan malo que tengo que vencer, y a la vez tan fuerte que, en realidad, siempre triunfa sobre mí. Sin embargo, es absolutamente necesario que este elemento sea debilitado y finalmente destruido. Mientras nada venga para contrarrestar este oscuro conflicto en mí, nunca podré encontrar a Dios.

Pero el problema es muy serio. Parece tener vida propia, organizada y autónoma, por lo que lo describo como un razonamiento arraigado en mí, una manera caída de concebir a Dios, a nosotros mismos y a los demás, una manera que se opone en todo a la verdad.

Imaginaos este razonamiento caído como una pirámide de cinco pisos superpuestos los unos a los otros.

Este razonamiento piramidal que se representa a continuación descansa sobre la base que llamo "Dudo de Dios" la cual describiré en el capítulo 7. Los pisos que se superponen encima son: "Os necesito", "Os odio", "Pero quiero sobrevivir" y finalmente, "He aquí como sobreviviré". Todos los problemas, que no tienen un componente médico, los problemas existenciales que encontramos todos en diferentes niveles de complejidad y que los aconsejados presentan a sus consejeros, dimanan de esta estructura profundamente arraigada en nosotros.

Nuestra inclinación al pecado se arraiga en la sospecha de que Dios no es tan bueno como parece. La duda en cuanto a la bondad de Dios es el fundamento en el que descansa toda nuestra estructura caída. Si bien creemos que Dios es poderoso, en cambio no estamos convencidos de que es bueno; en efecto, si *puede* aliviar nuestros sufrimientos, ¿por qué no lo *hace*? El silencio de Dios en los momentos particularmente cruciales refuerza esta duda fundamental en cuanto a la bondad de Dios.

La estructura caída de la personalidad del hombre

LAS DIFICULTADES DE LA VIDA

CAPÍTULO 6

Cuando Dios no se deja encontrar

Nada se da más por sentado que una fe que no ha sido nunca sometida a prueba. Mientras las cosas van como queremos, seguimos depositando en Dios nuestra confianza, la cual nos parece fuerte y sana. Suponemos que todo va bien en el área espiritual.

Pero, ¿qué pasa cuando nuestra confianza recibe fuertes sacudidas? ¿Cómo reaccionamos cuando las vicisitudes de la vida nos aplastan de repente con una fuerza descomunal? ¿Cuando unas tensiones que parecen insuperables ensombrecen relaciones vitales? ¿Cuando los problemas de salud o de trabajo nos aíslan de todos, salvo de Dios, y este último rehúsa manifestarse?

Suicidio el día de Navidad

Sonó el teléfono mientras escribía el último párrafo. Dejé mi pluma para descolgar. Era un pastor amigo mío que me contó que el hijo de su amigo, un joven de veinticuatro años, se había suicidado la semana anterior, el día de Navidad.

Cuando colgué el teléfono, muchas preguntas espontáneas e inesperadas me sumergieron como en un torrente, arrastrándome hacia unas regiones inexploradas que me animaban con una energía marcada por una oscura pasión:

"Señor, ¿no habrías podido hacer entender a los padres creyentes de este joven que algo terrible iba a producirse? ¿No habrías podido luego darles la sabiduría para que supieran cómo devolver esperanza al alma turbada de su hijo? ¡Ahora su sufrimiento es una tortura! ¿Te deja esto indiferente?

"¿No habría podido intervenir nadie hace dos semanas, o hace diez años, lo que habría significado la diferencia entre la vida y la muerte? ¿Por qué no has guiado a alguien para echarle una mano a este joven? ¿Cómo haces las cosas?"

Hacía estas preguntas aunque sabía que nadie me las contestaría. Pues nadie tiene las respuestas, excepto Dios. Y permanece en silencio; en todo caso, no da las respuestas que le reclamo. Algunos dirán que Dios concede el consuelo de su presencia a los que están en el pesar y la angustia. Desde luego que lo hace, pero no siempre. En ocasiones, nos deja sufrir en soledad, sin más consuelo que lo que dejó escrito en su Palabra. Creyentes con más edad nos cuentan que cuando eran más jóvenes, Dios contestaba más a menudo y de manera más precisa a las oraciones. Ahora bien, sigo deseando respuestas, y a menudo más de lo que deseo a Dios.

Las viudas y los huérfanos

Mi abuela paterna perdió a su marido cuando éste tenía tan solo treinta años. Tuvo que criar sola a sus cuatro hijos. Un día, le dio una moneda a mi padre para comprar pan y le dijo: "Escúchame bien, Lawrence, es nuestra última moneda. No la pierdes."

*Sigo deseando respuestas, y a menudo más
de lo que deseo a Dios.*

Mi abuela había depositado toda su confianza en el Señor, quien según su Palabra: "hace justicia al huérfano y a la viuda" (Deut 10.18). ¿Así es como Dios honra su promesa? ¿Sometiendo a la miseria a unos hijos desprovistos de padre y a una mujer desprovista de marido hasta el punto de preocuparse tanto por una sola moneda de poco valor?

Los cuatro huérfanos, cada uno a su manera, tuvieron también que pagar con su persona. Como tenía que atender en parte a las necesidades de la familia, mi padre nunca tuvo la oportunidad de desarrollar sus excelentes capacidades intelectuales con estudios avanzados. Así que, cuando más adelante tuvo que proveer para nuestra familia, vendía máquinas de día y devoraba poesía, literatura y Biblia de noche. ¿Así es como Dios defiende a los huérfanos, prohibiéndoles los legítimos medios para su realización personal?

Mi abuela se quedó ciega en los últimos años de su vida. Después de tantos años de lucha contra la pobreza y la soledad, sin nunca desfallecer en su fe, acabó su vida en la más plena oscuridad. ¿Así es cómo Dios "hace justicia a las viudas"?

La vida es una locura

He pasado toda mi vida adulta intentando entender a la gente y a la vida, sin saber cómo Dios se relaciona con nosotros y cómo actúa en nuestra vida. He aprendido muchas cosas. Pero muchas respuestas quedan fuera del alcance de la comprensión del hombre. Unos padres consagrados a Dios ven a sus hijos perderse en la droga, el suicidio o el materialismo. Buenas familias se desgarran por tensiones insuperables, mientras que creyentes firmes emergen a veces de un entorno enormemente desfavorable.

La vida es completamente imprevisible, totalmente reacia a dejarse esquematizar someramente con un diagrama rectilíneo que obedezca a la ley de la relación causa y efecto. Cuando era niño, tenía a veces excelentes notas en un examen cuando la víspera había pecado de modo flagrante. Y en otras ocasiones, después de una semana de loables esfuerzos para hacer lo que Dios manda, obtenía pésimas puntuaciones. En aquel entonces no entendía nada de nada, y eso no ha cambiado hoy.

Cuando lo pienso bien, me doy cuenta de que no tengo ninguna garantía de que los que más amo en este momento no se suicidarán un día u otro. Puedo tomar iniciativas para disminuir la probabilidad, pero no me tranquiliza mucho pensar que es imposible salir siempre ganando en estas cuestiones.

Si la gente tuviera que depositar en una balanza las pruebas cotidianas de la bondad de Dios y las de su indiferencia, para definir luego el grado de confianza que podrían concederle a la luz de lo que indican los platillos, habría muy pocos creyentes alegremente consagrados y plenamente confiados en Dios por ahí. A juzgar por lo que observo en el mundo que me rodea, no tengo ninguna certeza de que Dios actúa en mi vida tal y como yo lo desearía, al igual que no intervino en la vida de esta familia que perdió su hijo el día de Navidad, o de lo que pasó en la vida de mi abuela, que tuvo tanto que luchar en medio de tantas dificultades para criar ella sola a sus cuatro hijos.

Un pesimismo innecesario

Estoy quizás dibujando un cuadro demasiado negro de la realidad. Después de todo, mi abuela se apañó bastante bien pese a estos años oscuros. Mi padre vio los frutos de su amor, de su arduo trabajo y de su buen espíritu en sus dos hijos. Quizás sacará Dios algo bueno del trágico suicidio de este joven de veinticuatro años.

Pero no siempre salen las cosas así. He visto producirse algunos dramas de los que, humanamente hablando, no salió nada bueno. Hasta donde podemos analizar, estas tragedias no tienen sentido, surgen por azar y no tienen ningún valor saludable o redentor.

Conozco a una mujer cuyo padre murió justo una semana antes de que volviera a casa para reconciliarse con él. Conozco también a un hombre que se enteró de que su hija soltera estaba embarazada el mismo día que arrestaron a su hijo por robo. Vi a una mujer consagrada a Dios coger una enfermedad rara después de haber soportado pacientemente un matrimonio desafortunado. Vi a una familia joven y feliz caer en la desesperación después de que el padre hubiera aplastado accidentalmente a su hijo de tres años con su coche en una trágica marcha atrás. En todos estos casos, Dios no desveló el plan que tenía al permitir estas desgracias.

Cuando nos enfrentamos a la naturaleza insondable de Dios, cuando nos sentimos abandonados sin el menor indicio de la presencia de Dios, reaccionamos de uno u otro de los modos siguientes.

El paraíso de un insensato

Una de las formas de reaccionar ante un Dios que se esconde es esforzarse *vivir en el paraíso de un insensato*.

Negar la intensidad de las luchas y sufrimientos que experimentáis. Olvidar las preguntas que se quedan sin respuestas. Persuadíos incansablemente de que todo va bien, de que amáis al Señor Jesús, de que amáis a vuestro prójimo y de que vuestra confianza en Dios os da acceso a un torrente de agua refrescante. Nunca escuchéis a los predicadores sinceros que reconocen experimentar luchas muy duras. Frecuentar una iglesia cuyo pastor no comparte casi nunca sus experiencias personales y, cuando lo hace, menciona o problemas que ya ha superado gracias a su madurez, o faltas presentes que dan fe de su tan comprensible vulnerabilidad y no de su lucha continua contra el pecado. Aseguraos de que la prioridad sea predicar la Palabra de Dios para proveer de una sana doctrina a los feligreses, y nunca promováis la integridad y la verdadera pasión en las relaciones. Huir como de la peste de una congregación de personas hambrientas y atormentadas que, en su búsqueda de algo mejor, plantean cuestiones a las que la exégesis rutinaria no da respuestas.

Después de escucharme presentar estas cosas, un hombre que llamaré Donald se sintió muy ofendido. "No veo ningún beneficio remover en mi vida para descubrir sufrimiento, me dijo. Dios me exhorta a que olvide lo que tengo detrás de mí y que vaya hacia adelante. Cuando viene una dificultad en mi camino, me dirijo a la Palabra para escuchar lo que me aconseja hacer. Me toca luego obedecerle o no. Si hago lo que me Dios me pide, me bendice; si no lo hago, me castiga. ¿Por qué complica usted las cosas con sus discursos sobre las relaciones, los anhelos y las motivaciones? Introduce usted el caballo de Troya de la psicología en la iglesia. Conténtese únicamente con la Biblia. Simplifique las cosas. Haga todo lo que Dios pide."

Como muchos de sus semejantes, Donald, esquivaba las duras realidades de la vida, pretendiendo que el cristianismo ofrece fórmulas muy simples para resolver cualquier problema existente. Según él, unos padres que obedecen a Dios tendrán naturalmente buenos hijos. Y los que le desobedecen tendrán hijos con problemas. ¡Así de sencillo!

Como Donald se atrincheraba detrás de la obediencia para escapar al sufrimiento, vivía en el paraíso de un insensato.

Los promotores de la ayuda psicológica

Otra manera de tener una vida que marche sobre ruedas es unirse a las filas de los promotores de la ayuda psicológica. Debéis daros cuenta de que la iglesia es perjudicial para vuestra salud. Aprended a odiar lo que soléis reprimir más que cualquier otra cosa. Considerad que este es el pecado imperdonable. Exigid respuestas satisfactorias para todas vuestras preguntas. Encontrad una explicación para todo. Eliminad el misterio. Haced frente a todo lo que os hiere interiormente, luego adoptad una teología que considere la humillación y el odio hacia uno mismo como los problemas que más entristecen a Dios.

Haced de vuestro equilibrio personal la prioridad absoluta. Buscad sin tregua una vida más feliz, la perfecta realización y una identidad que encubra la vergüenza. Disimulad la fealdad de estas metas egoístas presentando vuestro objetivo como madurez espiritual o búsqueda de la semejanza a Cristo. Procurad que nada se interponga para superar toda adicción, toda baja auto-estima y toda relación que tiende a la codependencia. Recordad que sois *vosotros* los que estáis en el centro; Dios está aquí únicamente para subrayar vuestro valor y para eliminar todo obstáculo en vuestra realización personal.

No cedáis a la impresión exasperante de que algunas dificultades solo hallarán su solución en el cielo, o de que los problemas actuales no están destinados a ser resueltos aquí abajo. Rechazad la idea de que Dios quiere entrar en vuestro corazón en un nivel aún más profundo que vuestro sufrimiento para daros una motivación y una fuerza para practicar el bien, sea cual fuere vuestro estado de ánimo. No os contentéis con una realización futura. ¡Pedidla ya, en seguida!

No escuchéis a los que os invitan a entrar en las tinieblas del misterio, donde los planes de acción no ofrecen ninguna luz, y donde la angustia del alma no puede ser aliviada por la obediencia, sino solo puede ser asumida en la confianza.

Poco después de mi charla con Donald, Lisa, otra oyente de mi conferencia, vino a verme para hacerme partícipe de sus reflexiones. "Una gran parte de lo que dijo usted es útil, pero me gustaría decirle cómo he ido yo misma aún más lejos", me confió con entusiasmo. Concertamos una cita para el día siguiente.

Cuando nos volvimos a ver me declaró: "Larry, aprecio mucho su trabajo, pero me parece que a veces es usted demasiado negativo. Hace muy poco, encontré un pastor que me hizo descubrir la oración de sanidad. Lo que me ha pasado es casi un milagro. Este hombre me condujo al pie de la cruz hasta que el amor de Dios se vertió sobre mí como si fuera un chorro de agua caliente. Todo mi sufrimiento se esfumó. Nunca he sido tan feliz en mi vida. ¿No es Dios maravilloso?"

Como veía que le daba una importancia desmedida a sus sentimientos de felicidad, le pregunté: "¿Piensa usted que Dios podría hacerle pasar por grandes sufrimientos que desearía que soportara por razones que él solo conoce, y que podría incluso no aliviar?

"Si el dolor que experimenté volviera, recurriría a más ayuda psicológica y oración de sanidad. Creo que Dios quiere que goce del valor que tengo como hija suya."

Las personas que colocan el alivio de su dolor antes que el aprendizaje del amor se alistan gustosamente en las filas de los promotores de la ayuda psicológica, que ofrece soluciones a los problemas, en vez de hacer de ellos un camino que nos lleva a Dios.

Un tercer camino

Acabamos de ver las dos direcciones más extensamente preconizadas por nuestro entorno cultural. La primera, muy estimada en los círculos fundamentalistas, abruma el alma bajo el peso del rigor teológico y de la obediencia orgullosa y ciega. La segunda, extendida entre los promotores de la renovación de la iglesia, crea una forma ilusoria de vida que segrega el virus mortal del egocentrismo, dándole otro nombre. Ninguno de los dos caminos presenta al ser humano como una criatura totalmente *caída*. El primero, hace creer que el hombre puede, mediante un mero acto de su voluntad, levantarse de nuevo y volver al nivel de donde había caído. El segundo, describe nuestra condición desesperada como moralmente justificable y concede entonces más valor al socorro de Dios que a su misericordia.

Pero existe un tercer camino que nos equipa para sumergiros en el foso que es el corazón humano, para encontrar en él tesoros escondidos y salir con una sonrisa. Esta solución toma en cuenta una realidad que los otros dos trivializan o ignoran: una manera totalmente equivocada de entender a Dios, a nosotros mismos y a los demás, que denomino la estructura (o lógica) caída de la personalidad del hombre. Este tercer camino exige que nos enfrentemos cara a cara con esta estructura caída, apreciando todo lo asqueroso, testarudo y perverso que contiene, y que nos comprometamos en el doloroso proceso de su demolición.

CAPÍTULO 7

El fundamento de la estructura caída: la duda acerca de Dios

Describir la estructura caída de la personalidad del hombre, es hacer el retrato del alma caída. Algo en mí es desesperadamente falso. Hay un defecto fundamental en cada uno de nosotros que la Biblia llama de diferentes maneras, como por ejemplo: el "cuerpo del pecado" (Ro 6.6), la "carne" (Gál 5.16), o la "ley del pecado" (Ro 7.23). Pero, si bien hay pequeños matices entre estos términos, cada uno es la expresión del mayor obstáculo para conocer a Dios.

Si queremos encontrar a Dios como él lo desea, si queremos conocerlo de una forma que nos libere para vivir en el gozo, llevando a cabo sus planes y ejerciendo un control sobre nosotros mismos, no debemos buscar ante todo resolver nuestros problemas. Antes bien, debemos colaborar con Dios en sus esfuerzos para impedir el desarrollo de esta lógica caída y destruirla.

La tentación en el huerto

Las Sagradas Escrituras nos relatan que la astuta serpiente tentó a Eva y la llevó a pecar engañándola. Engañó a la mujer invitándola a cuestionar las motivaciones divinas que estaban detrás de la prohibición. "¿Conque Dios os ha dicho: No comáis de todo árbol del huerto?" (Gén 3.1).

La pregunta de la serpiente disimulaba realmente el comentario siguiente: "¡Me cuesta creerlo! ¿Os prohibió de verdad no hacer tal cosa? Pero, ¡si se comporta como una madre que prohibiera a su hijo pasárselo bien con un juguete fantástico!"

El engaño coló. Por lo visto, Eva llegó a preguntarse si Dios no intentara privarla de algo. Contestó: "Del fruto de los árboles del huerto podemos comer; pero del fruto del árbol que está en medio del huerto dijo Dios: No comeréis de él, ni le tocaréis, para que no muráis" (Gén 3.2).

Eva cometió un triple error. Primero, Dios había dicho a Adán y a Eva que podían comer frutas de *cualquier* árbol excepto uno. Eva declaró: "Del fruto de los árboles del huerto podemos comer." No entendía plenamente la libertad que tenía de gozar plenamente de la gran generosidad de Dios.

Segundo, en el centro del huerto se hallaba el árbol de la vida, y quizás justo al lado, el árbol prohibido (Gén 2.9). Eva solo veía el árbol prohibido. Perdió de vista la gran verdad de que el plan de Dios para sus hijos es la vida, no las prohibiciones.

Tercero, Eva añadió algo a la prohibición divina cuando afirmó que Dios les había prohibido incluso tocar el árbol prohibido. Cuando se pone más de manifiesto las reglas que la libertad, éstas se multiplican. La multiplicación sigue, hasta que desemboca en un código de leyes tan elaborado que nos priva de todo gozo en nuestras relaciones con el Gran Legislador. La letra de la ley mata su espíritu (2Cor 3.6).

En seguida, la serpiente sacó partido de los errores de Eva. "No moriréis, dijo; sino que sabe Dios que el día que comáis de él, serán abiertos vuestros ojos y seréis como Dios, sabiendo el bien y el mal" (Gén 3.4-5).

El engaño ya se había colado y la llevó hasta el pecado. Viendo que "el árbol era bueno para comer, y que era agradable a los ojos, y árbol codiciable para alcanzar la sabiduría; y tomó de su fruto y comió…" (Gén 3.6). Eva concluyó que sencillamente Dios la privaba de algunas cosas. Había cosas buenas que Dios no quería que disfrutara. No podía negar que el Creador le hubiese ya colmado de favores, pero la serpiente había conseguido hacerle creer que Dios le había privado de algo mejor aún. Decidió entonces apropiárselo. Su desobediencia fue el resultado de sus dudas en cuanto a la bondad de Dios.

Cuando la serpiente tentó a Eva, fue enteramente engañada (2Co 11.3; 1Ti 2.14). Adán, se nos dice, no fue seducido. Sabía que Dios no les estaba privando de una vida aún más abundante. Pero cuando su mujer transgredió la ley divina, no estaba aún seguro de que la bondad de Dios, *tal como la conocía hasta entonces*, fuera suficiente como para sacarles del lodazal donde Eva les había enfangado. No tenía ninguna experiencia del perdón divino. Hasta este momento, nada había requerido ser perdonado. Pero, en vez de confiar y esperar la futura manifestación de la grandeza de la bondad de Dios, Adán no encontró nada mejor que hacer que asociarse al pecado de su mujer para resolver el problema en el que se había metido. Eva había dudado de la bondad de Dios. Adán dudó que Dios fuera *lo suficientemente bueno* como para engullir el pecado en la gracia.

Dicho de otro modo, nuestras dudas sobre Dios se remontan al momento en el que Eva consideró que el Creador le privaba de algo bueno; y por consiguiente, intervino para asegurarse su propio bienestar. Cuando Adán cedió a su mujer para no perderla, en vez de confiar decididamente en la bondad de Dios para resolver el dilema de tener una mujer ahora pecadora, la lógica falseada se coló en el alma del hombre. Desde este momento, somos todos unos "desconfiados" natos. Esta duda inicial se transmitió como si de un virus se tratara a todos los seres humanos, salvo uno.

Descubrir a Dios es descansar en su bondad a pesar de la pobreza, de las ocasiones perdidas y de las catástrofes aéreas. Tenemos por vocación el gozar de esta confianza y manifestarla a los demás, pase lo que pase. Por cierto, no es siempre fácil hacer honor a esta vocación. Todos entramos en la vida ya infectados por esta enfermedad letal que Pablo llama "La ley del pecado que está en nuestros miembros" (Ro 7.23).

En mi opinión, esta ley es nuestra inclinación a pensar que Dios no es bueno, o por lo menos, no lo bastante como para merecer plenamente nuestra total confianza.

Desconfiados natos

Desde el nacimiento, empezamos a dudar. Nuestro primer grito es un grito de terror. "¿Qué es este mundo en el que entro?" parece decir el bebé en su primer llanto. "¿Serán satisfechas mis necesidades? ¿Habrá alguien aquí que haga para mí lo que necesite en cada momento? ¿Puedo realmente estar seguro de que seré alimentado, vestido y cuidado? ¿Puedo descansar de verdad?"

No hay nada en el niño que le haga confiar naturalmente que el universo estará atento y totalmente sensible a sus necesidades. El niño necesita pruebas: un estómago lleno, pañales secos, una cama caliente, la ternura de una madre. Entonces, podrá descansar y confiar.

Dado que no es naturalmente proclive a pensar que el que tiene el poder supremo sobre el universo es bueno, el niño, desde su nacimiento, está expuesto al terror. Al crecer, constata que las experiencias de la vida solo ratifican sus angustias. Puede ser víctima de la guerra o de la pobreza, de las negligencias o de abusos. Pero aun cuando escapara a estas desgracias, sigue estando aterrado. Porque la vida misma es una tragedia imprevisible que nos mantiene en el temor.

La duda en cuanto a la bondad de Dios engendra el terror de la soledad en un mundo inseguro, y este terror, suscita a su vez una rabia contra Dios, porque hace tan poco para protegernos del sufrimiento.

El escepticismo inicial deja pronto lugar al terror cuando tomamos conciencia de nuestra absoluta dependencia y del carácter imprevisible de este mundo. Y con la misma rapidez, el temor se convierte en rabia: "¿Acaso estaré equivocado al querer lo que nadie me puede dar? No soy yo quien decidió que necesitaría un amor que no encuentro. Otro tomó esta decisión en mi lugar y decidió no colmar esta necesidad. Es injusto. ¡El sufrimiento al que no puedo sustraerme me vuelve loco!"

¿Contra quién tomarla? Contra el responsable último de la vida. El que nos invita a confiar en él, pero que se muestra indigno de nuestra confianza al no satisfacer inmediatamente todas nuestras necesidades. El que se presenta a sí mismo como el Todopoderoso e infinitamente bueno pero que, sin embargo, no nos protege contra terribles malos tratos. La ira del niño va dirigida contra su padre y su madre, pero ante todo contra Dios.

Para un espíritu caído es totalmente normal tomarla con Dios. Mientras el Espíritu de Dios no haya intervenido en nuestra vida, cada uno de nosotros razona de la siguiente manera: "Dado que eres tan bueno, ¿cómo permitiste a este hombre hacerme tanto daño, a mi madre caer gravemente enferma, a mis piernas lisiadas no soportar mi cuerpo?"

Nuestra estructura caída descansa sobre la *duda* en cuanto a la bondad de Dios; esta duda engendra el *terror* de la soledad en un mundo inseguro, y este terror, suscita a su vez una *rabia* contra Dios, porque hace tan poco para protegernos del sufrimiento. Y para empeorar aún más las cosas, cuando nos dirigimos a él para que nos ayude, nos declara que hicimos mal en no amarlo en primer lugar, y en no haber hecho el bien a los demás. Para muchos, eso es ya el colmo (Ro 7.5).

Plantar cara a Dios

Ni mi terror, ni mi rabia me impiden lanzarle preguntas a Dios; de hecho, me incitan más bien a hacerle más preguntas. Sé muy bien que Dios no se dejará doblegar por mi insolencia y no me contestará, pero a pesar de ello, le pregunto porque me lo pide el cuerpo, porque hay algo en mí que me apremia a interrogar a Dios, aun cuando no reciba respuestas. El objetivo de las preguntas parece ser el mero hecho de interrogar a Dios. Al expresar mi perplejidad con palabras puedo experimentar un sentimiento agradable de poder que me ayuda a superar el carácter aparentemente absurdo de la vida.

Demasiado a menudo, mi interrogatorio traduce más la acusación indignada de aquel que se siente traicionado, que la curiosidad de aquel que anhela aprender. Si bien puede parecer totalmente extraño y ridículo, siento que necesito vérmelas con Dios. ¡Una energía perversa en mí *me lleva a plantar cara a Dios*! Mis posibilidades de ganar el embate son casi nulas, pero la lucha en sí misma parece diabólicamente estimulante. Si bien me hago a la idea de ser derrotado por K.O., albergo la esperanza de poder lanzarle algunos golpes antes de caer al suelo.

¿Podría ser que esta energía sea la misma que la que anima a Satanás? Debe saber el Diablo que no tiene ninguna posibilidad de evitar su derrota final. Pero, con todo, sigue luchando sin descanso para usurpar el trono de Dios. ¿Por qué? ¿Lo ciega el odio hasta el punto que no ve la suerte que le es reservada? ¿El uso de la fuerza contra Aquel que es el origen de todo poder produciría en él una especie de exaltación impetuosa, creando en él la ilusión de ser todopoderoso? ¿Y esta exaltación le daría así, como pasa en todas las pasiones adictivas, la energía para seguir sin parar? La pregunta más turbadora es la siguiente: en mi deseo de desafiar a Dios, ¿me parezco todavía al padre de las tinieblas aun cuando ya no formo parte de su familia?

¡Qué Dios se pruebe a sí mismo!

En vez de sentirme horrorizado por mi insolencia hacia Dios, me siento a veces más bien satisfecho de mi mismo, y me pregunto cómo hará Dios para justificarse ante mis fundadas y sólidas acusaciones en cuanto a su pretendida bondad.

No soy el primero en pedirle cuentas a Dios. Después de haber soportado muchos más sufrimientos de los que yo nunca tuve que padecer, Job declaró:

> *¡Quién me diera el saber dónde hallar a Dios!*
> *Yo iría hasta su silla.*
> *Expondría mi causa delante de él,*
> *Y llenaría mi boca de argumentos.*
> *Yo sabría lo que él me respondiese,*
> *Y entendería lo que me dijera.* (Job 23.3-5)

En pleno sufrimiento, cuando la aflicción había ahogado todo atractivo por los placeres de la vida, algo se despertó en él mientras albergaba la idea de pedirle cuentas a Dios. No hay nada que se parezca más a la verdadera vitalidad que la arrogancia, y es la arrogancia la que nos impide entregarnos a Dios en una humildad desesperada y agradecida. Es quizás por esta razón que Dios odia el orgullo por encima de todas las cosas.

Es la estructura caída en la personalidad de todo hombre y de toda mujer lo que le hace deleitarse desafiando a Dios, porque este desafío lanzado al Creador nos confiere un notorio sentimiento de ser alguien. El mecanismo se basa sobre la idea de que Dios no puede ser lo suficientemente bueno como para merecer nuestra confianza; por lo tanto, se justifica nuestra búsqueda de apoyos en otras partes.

Cuando dudamos de la bondad de Dios

¿Qué pasa cuando dudamos de la bondad de Dios, cuando las vicisitudes de la vida refuerzan nuestras dudas hasta el punto de hacernos creer que la confianza en Él es pura locura? Es en este momento cuando la confianza en uno mismo nos parece enteramente razonable; solo lo parece, porque de hecho, conduce a la muerte (Pr 14.12). La convicción de tener que suplir las deficiencias de Dios en su implicación en nuestra vida, nos incita a encargarnos nosotros mismos de ciertas cosas.

Se puede considerar que el pecado es el esfuerzo desplegado para corregir lo que, a nuestros ojos, constituye el límite de la bondad de Dios. Es confiar en uno mismo en vez de confiar en Dios.

Mientras no veamos plenamente a Cristo, nos esforzaremos siempre por preservar, proteger y desarrollar, aunque sea mínimamente, esta entidad que llamamos el Yo, esta consciencia de nuestra identidad que anhela ser amada, respetada y encontrar un sentido.

Mientras no sea denunciada y debilitada nuestra tendencia a medir a Dios según lo que ven nuestros ojos, nos buscaremos a *nosotros mismos* con todo nuestro corazón y con toda nuestra alma. Como resultado, nunca encontraremos a Dios.

El pecado es el esfuerzo desplegado para corregir lo que, a nuestros ojos, resulta ser deficiencias en la bondad de Dios. Es confiar en uno mismo en vez de confiar en Dios.

En vez de querer resolver por nosotros mismos las dificultades que envenenan nuestra vida, debemos atacar y socavar la estructura caída de nuestra personalidad, porque es ella la causante de todos nuestros problemas. Esta estructura descansa sobre la orgullosa pretensión de que es razonable y justo querer hacerse justicia a uno mismo, dado que Dios no es suficientemente bueno como para merecer nuestra confianza.

Descubrimos hoy, como nunca antes, los frutos de esta estructura caída: preservación del yo, desarrollo del yo, cuidado de uno mismo, amarse a uno mismo, auto-expresión, auto-protección, auto-promoción. He aquí los principales objetivos que nos sugieren los diferentes métodos modernos de resolución de problemas. ¡Abordad vuestros problemas de manera que podáis encontraros a vosotros mismos! ¡Apoyaos en Dios para que os ayude a alcanzar vuestra mayor y más noble ambición: deleitaos en *vosotros mismos*!

La obsesión por el Yo se evidencia en la tendencia actual a querer sanarlo todo. Estos últimos años, un gran número de hombres y de mujeres se lanzaron en una introspección de su pasado, con la firme intención de recuperarse de un trasfondo disfuncional, de devolver algo de dignidad a su identidad violada y humillada, así como de liberarse de relaciones de dependencia al afirmar, cultivar e imponer su valor propio. Hasta la iglesia misma se dejó caer en la trampa de este lenguaje que reivindica la sanidad a toda costa. En vez de ruborizarse de vergüenza por causa de nuestra idolatría del yo, lo presentamos como una prolongación del Evangelio: "Si Dios nos ama, ¿cómo podríamos no amarnos a nosotros mismos? Honramos a Dios al desarrollar nuestra auto-estima."

¿Estaríamos viviendo los tiempos descritos por Pablo cuando declara a Timoteo: "Debes saber esto: que en los postreros días vendrán tiempos peligrosos, porque habrá hombres amadores de sí mismos..." (2Tim 3.1-2)? ...y serán culpables de todos los males ligados al amor propio. ¿Habrá llegado el acabóse en la historia humana, cuando la esencia del mal, es decir el amor a uno mismo, se considera el súmmum de la virtud?

Si fuera el caso, no debe sorprendernos que Dios parezca más alejado que nunca. Cuanto más nos demos cuenta de nuestra naturaleza caída, tanto más entenderemos por qué Dios no se deja encontrar.

CAPÍTULO 8

¿Por qué Dios no se deja encontrar?

La trama de la vida se va tejiendo con tragedias. Y en medio de los dramas humanos, Dios, a menudo parece ausente. ¿Por qué? ¿Por qué Dios guarda las distancias con nosotros en el momento en que más necesitamos su presencia? ¿Por qué permanece en silencio cuando anhelamos oír su voz? ¿Por qué lo buscamos a veces sin poder encontrarlo?

La respuesta reside en el razonamiento torcido *(NdT.* literalmente *"estructura caída".* La manera de pensar torcida a partir de la Caída, traduciremos a veces también *lógica caída* o *torcida). Cuando nos acercamos a Dios con este razonamiento defectuoso activado aún en nosotros, no nos escucha.* Rehúsa prestar oídos a la menor palabra que sale de nuestra boca. Se aleja de nosotros. ¿Por qué? Si lográramos ver la lógica perversa de nuestra personalidad como es de verdad, entenderíamos por qué Dios la encuentra tan ofensiva. En sus manifestaciones más horribles es como si le dijéramos:

"¡Pruébame que eres bueno! Tengo dudas sobre tu bondad. Mira lo que ha ocurrido en mi vida y en la vida de los que amo. ¿Sabes lo que significa vivir bajo la amenaza constante de una catástrofe que podría acontecer en cualquier momento? Puesto que no me das la garantía de que ningún mal me alcanzará, demuéstrame que eres digno de confianza.

"Si no lo haces, me sentiré libre de no adorarte o servirte más. De todos modos, ¿por qué tendría que servirte? Aún cuando confiara en ti y obedeciera tus mandamientos, no tendría la garantía de gozar de lo que deseo ahora.

"En cuanto a mi vida, no veo por qué sería inmoral que busque mi propio bienestar, dado que nadie se preocupa por él. Soy una persona honrada. No piso a los demás, no transgredo las leyes morales, no hago oídos sordos a los sufrimientos de otros. Sin embargo, si tuviera que hacer estas cosas para asegurarme mi bienestar personal, lo haría.

"Y no te atrevas a decirme que hago mal al cuidar de mi mismo. Todavía no me has probado tu bondad; no tienes por lo tanto el derecho de reprochar mi conducta y aún menos de exigir mi confianza. Si quieres que las cosas vayan mejor entre nosotros, sabes lo que tienes que hacer: utiliza tu poder para arreglar las cosas en mi favor. Deseo amarme más, no estar herido tan a menudo, y sentirme mejor en la vida. Todo lo que te pido es que manifiestes la bondad que pretendes tener. ¿Es algo descabellado? Si accedes a mi petición, reconsideraría las cosas y quizás podría confiar en ti. No queda excluido tampoco que un día te dijera "gracias"."

El peligro de dirigirse a Dios con este tono tiene algo de estimulante. Semejante provocación inspirada por nuestra propia justicia nos otorga un sentimiento de importancia. Esta forma de acercarse a Dios delata más un espíritu orgulloso y embebido de sí mismo, que un espíritu humilde que aspira a deleitarse en Dios. Al acercarnos a Dios sobre la base de nuestra propia justicia, atrincherándonos detrás de dudas egocéntricas, Dios no nos escucha. No se dejará encontrar.

Mi descripción parece excesiva. ¿Se comportarían así los *creyentes en Cristo*? Podríamos entenderlo de los no creyentes, pero sin duda no de los creyentes. ¿Será esta la forma en la que a veces me acerco personalmente a Dios, yo que soy un creyente desde hace más de cuarenta años? ¿Esta energía contestataria seguirá todavía en mí? ¿Se hallará en cada uno de nosotros?

El método equivocado para acercarse a Dios: una ilustración personal

No solo en las grandes batallas espirituales de la vida se revela nuestro modo equivocado de acercarnos a Dios, sino también en las decisiones banales del día a día. Recientemente, tuve que tomar una decisión crucial. Las dos opciones eran igualmente atractivas, pero tenía que escoger una y descartar la otra. Por causa de las personas involucradas, la decisión era importante pues implicaría una pérdida en un lado u otro.

Al despertarme la mañana en que tenía que tomar esta decisión, mi mente daba muchas vueltas por lo que había en juego. Bajo la ducha, pedía a Dios que me guiara. Desde luego, llevaba orando semanas por ello pero no veía ninguna indicación divina precisa en el horizonte. Estaba ansioso, entre la espada y la pared ante esta elección, y todas las antenas desplegadas para captar señales claras de parte de Dios.

Mientras chorreaba el agua caliente sobre mis espaldas, me vino un pensamiento a la mente: "Debería quizás ayunar hoy, por lo menos saltarme el desayuno y la comida de mediodía, y ver si antes de las cinco Dios me mostraba lo que debería hacer."

En el transcurso de los últimos años, había practicado la disciplina del ayuno para centrar mi atención sobre las realidades que trascienden el campo físico. Había leído numerosos relatos de santos que habían ayunado para discernir mejor la voz de Dios. La idea me parecía tentadora. Creía que sería quizás una buena idea para forzar a Dios a expresarse claramente.

Estaba a punto de llevar a cabo esta idea cuando tuve el sentimiento de que algo no cuadraba. No conseguía deshacerme del noble susurro dentro de mí que decía: "¡Esto debería impresionarle!"

Mi lógica caída estaba en marcha. Mi deseo de contar con la ayuda de Dios había falseado mi modo de pensar hasta el punto que sentía que Dios me *debería* ayudar, que su pretensión a ser bueno se lo *exigía*. Me acercaba a Dios, pero todavía no con esta firme confianza en su bondad. No estaba dispuesto a llamarle bueno si no aceptaba antes cooperar con mis planes. Sin embargo, esto es justamente lo que Dios espera de mí: que reconozca su bondad aun cuando Él no apruebe mi plan. Dios es bueno, aún cuando mi hermano se mate en un accidente aéreo o se suicide vuestro hijo.

Ahora bien, hay varias maneras de presentar esta verdad. La podemos decir en un tono duro, como ladrando: "Escúchame bien, Dios es bueno y punto. Mejor que te lo creas." Se puede también decir con tacto, como una invitación a deleitarnos en aquel cuyo amor poderoso, desplegado en nuestro favor, supera nuestros sueños más atrevidos.

Quizás nos cueste creer en la bondad de Dios; algunos acontecimientos de nuestra vida nos sumergen a veces en luchas terribles para aceptar esta doctrina, pero sea cual sea la dureza del combate, no cambia absolutamente nada la verdad fundamental: Dios es bueno. Indefectiblemente bueno. No desea verme sufrir. Anhela bendecirme; sabe que mi felicidad depende de mi encuentro con él. Se ha comprometido con todo su corazón y con toda su fuerza a hacerme feliz eternamente. Es su modo de actuar para honrar este compromiso que a veces me desconcierta.

"¡Qué desconcertante es Dios! Estoy dispuesto a ayunar, y ni siquiera me hace caso. ¿Qué debo hacer para conseguir que colabore conmigo?"

Mientras estaba bajo la ducha, en aquella mañana, mi alma no ratificaba la verdad de que Dios es bueno. Buscaba más bien una *demostración* particular de su bondad. Tenía el sincero deseo de hacer la voluntad del Señor y de decidirme por un lado u otro, sin preferencia personal. ¿No hubiera debido Dios mostrarme claramente qué decisión quería que tomara? ¿Estaba equivocado al esperar la guía de mi Padre celestial?

Tengo que confesar que no estaba del todo convencido de que mi ayuno obligaría a Dios a contestarme. Pero pensaba que eso es lo que Él debería hacer, y he aquí la prueba de que la lógica falseada obraba en mí. ¡Si el Señor rehusara contestarme, en un lugar escondido de mi alma tendría derecho a pensar que tenía una razón válida para quejarme ante Dios! Y en vez de sentirme quebrantado por la arrogante osadía de semejante pensamiento, me sentía solo pero fuerte, justificado y valiente. Ninguna emoción crea mejor la satisfactoria ilusión de una fuerza noble como la ira.

Mientras meditaba sobre la idoneidad del ayuno, me oía lamentarme: "¡Qué desconcertante es Dios! Estoy dispuesto a ayunar, y ni siquiera me hace caso. ¿Qué debo hacer para conseguir que colabore conmigo?"

La lógica perversa que está en la raíz de la mayoría de nuestras dificultades aparece claramente cuando nos quejamos. Cuando las cosas no van como queremos, nos quejamos de no poder confiar en Dios por las cosas que cuentan de verdad en la vida. Y se enfría nuestra comunión con él.

Estaba dispuesto a hacer todo lo que Dios me hubiese pedido, con la condición de que me respondiera como le pedía. Si hubiera escogido ayunar orando para que Dios inspirara mi decisión y, al mismo tiempo, estuviera resuelto a alabarle por su bondad aun cuando no me respondiera; entonces, con esta actitud me habría acercado de verdad a Dios.

La lógica perversa de nuestra personalidad caída descansa sobre una mentira fundamental: No se puede confiar en Dios para las cosas importantes. Le daremos las gracias cuando nos procure un lugar para aparcar nuestro coche en un aparcamiento lleno, pero rehusaremos confiarle el destino de nuestra alma.

La lógica perversa de nuestra personalidad caída descansa sobre una mentira fundamental: No se puede confiar en Dios ara las cosas importantes.

En la medida en que creemos esta mentira, tomamos la iniciativa para asegurarnos las bendiciones que deseamos. Reivindicamos el derecho de substituir la indiferencia de Dios obrando nosotros para preservar con todas nuestras fuerzas lo que tiene valor ante nuestros ojos.

Cuando tomamos la iniciativa, el resultado se traduce en *una presión hecha para que las cosas se produzcan* ("¡Debo absolutamente mostrar a mi hija hasta qué punto se equivoca!"), *el temor de un eventual fracaso* ("No sé de verdad cómo decírselo"), y *la amargura de no haber conseguido la ayuda deseada* ("No entiendo por qué Dios no hace más para que se convierta en la encantadora mujer joven que debería ser, y nadie parece realmente dispuesto a ayudarme en este asunto.")

El hecho de creer esta mentira no tiene nada nuevo.

Ejemplos sacados de la Biblia

En el tiempo del profeta Isaías, numerosos israelitas venían a Yavé esperando – como yo – regatear con él mediante el ayuno. He aquí como el Señor describe su iniciativa: "Que me buscan cada día, y quieren saber mis caminos… me piden justos juicios, y quieren acercarse a Dios" (Is 58.2).

Dios les contesta: "…no podéis ayunar como lo hacéis hoy, para que vuestra voz sea oída en lo alto al acercaros a mí como lo hacéis" (v.4).

Pensaban que sus esfuerzos para encontrar a Dios no tenían nada malo. Para ellos, la falta estaba del lado de Dios. No actuaba como debía, así que estaban perfectamente legitimados para cuestionar su bondad: "¿De qué nos sirve ayunar?, ¡si no haces caso! ¿Para qué humillarnos?, ¡si no te das por enterado!" (v.3)

Dicho de otro modo: "Señor, nosotros hemos hecho nuestra parte. Te tocaba a ti demostrar tu bondad actuando conforme a nuestros deseos. Pero no lo hiciste. Tenemos entonces el derecho de quejarnos de ti."

Otros israelitas adoptaron la misma actitud culpable hacia Dios. Y Dios les declara: "Gritarán a mis oídos con gran voz, y no los oiré" (Ezequiel 8.18). Estos judíos no consiguieron forzar a Dios para que les escuchara, como tampoco pudo Esaú arrancarle una bendición a su padre Isaac, a pesar de sus lágrimas.

Dios no me escuchará si me acerco a él con orgullo,
reclamándole que me pruebe lo que puede hacer.

"No los oiré". ¡Qué palabra más terrible! Y ¿por qué no les quiere oír? ¿A mí me querrá oír? ¿Soy de los que gritan a sus oídos?, ¿soy como los que describe el profeta Oseas, de los que gimen sobre sus camas sin ninguna esperanza de encontrar a Dios (Os 7.14)?

El ejemplo de los israelitas nos muestra claramente que Dios no me escuchará si me acerco a él con orgullo, reclamándole que me pruebe lo que puede hacer, pensando que tengo el *derecho* de exigirle que actúe en mi favor. Si Dios tiene valor para mí únicamente si me es útil para que se cumplan mis propósitos, no va a permitir que yo le encuentre.

Si deseamos encontrar a Dios como él lo desea, si deseamos conocerlo de una manera que nos libere para vivir en el gozo y la templanza, cumpliendo sus propósitos, entonces no debemos intentar resolver ante todo nuestros problemas. En cambio, debemos esforzarnos en desmantelar nuestro razonamiento caído, sustituyendo los fundamentos de la duda por los de una sólida confianza en Dios.

CAPÍTULO 9

El fundamento de una sólida construcción: la confianza en Dios

El desmantelamiento de nuestra lógica caída se parece a una revolución. En un mundo tan inmoral como el nuestro, y con unas gentes hasta tal punto resueltas como lo somos nosotros a construirse el mejor nido aquí abajo, debemos odiar y extirpar el mal antes de que el bien pueda tener lugar.

Algunos afirman categóricamente que el nuevo nacimiento hizo borrón y cuenta nueva en cuanto a la arrogancia perversa que caracterizaba la vieja naturaleza, o por lo menos que la ha debilitado suficientemente para que no nos moleste más. Enseñan que un amor hacia Cristo llena nuestro corazón, que consume todos los demás afectos y nos ancla sólidamente en la bondad de Dios.

Los promotores de la curación de las heridas del pasado enseñan que la vergüenza –este mensaje "no fundamentado" que hemos heredado de nuestro trasfondo familiar disfuncional y que nos inculcó la idea de que somos malos– es el "pecado" central que socava todos nuestros esfuerzos para vivir de manera responsable y para amar correctamente. La liberación de esta vergüenza que nos paraliza es presentada como el camino de la madurez y de la salud emocional. Para los partidarios de esta corriente, descubrir a Dios significa comprender que su amor por nosotros nos libera para que nos aceptemos como criaturas dignas, capaces de hacer gala de nuestro valor como prueba de la gracia divina.

Según esta manera de pensar, el crecimiento cristiano es poco más que el desarrollo de algo que ya es bueno. Nada en nosotros debe ser destruido, nada moralmente malo necesita ser expuesto a la luz y progresivamente abandonado. Para los defensores de esta idea, el verdadero enemigo interior no es el pecado, sino la falta de confianza en nuestra propia bondad, o una insuficiente toma de conciencia de nuestra nueva identidad.

Una revolución sangrienta

Pero, si el razonamiento perverso que describo en estos capítulos sobrevive al nuevo nacimiento, si la inclinación obstinada que nos lleva a exigir que Dios pruebe su bondad sigue agarrándose a nosotros, entonces debemos prepararnos para una revolución interior en nuestra búsqueda de Dios.

Por supuesto, si nos contentamos con una restauración limitada, podemos mostrarnos menos exigentes. Si queréis simplemente reponeros de una mediocre auto-imagen, leed los libros de auto-ayuda que os dicen lo que debéis hacer y pensar, exteriorizando los lados positivos de vuestra personalidad. Si bebéis demasiado, seguid una terapia, uníos al movimiento de Alcohólicos Anónimos y participad activamente en las actividades de su sección local. Esta restauración limitada de vuestro ser os permitirá cambiar vuestra forma de pensar y actuar, pero no modificará fundamentalmente lo que está radicalmente viciado en vosotros. Una completa restauración exige más.

El restablecimiento que lleva a una inquebrantable confianza en la bondad de Dios precisa de una revolución sangrienta que supone un sufrimiento que estimamos a menudo demasiado costoso. El desmantelamiento de la lógica perversa que guía nuestra personalidad caída y su sustitución por una lógica espiritual requiere cuatro condiciones:

• Debemos estar dispuestos a soportar un nuevo sufrimiento interior sin saber cuánto tiempo durará y sin poder mitigarlo. Debemos soportar algo que se asemeja a la pérdida de la vida.

• Debemos hundirnos en este sufrimiento hasta un punto en el que los placeres que antes nos aportaban alivio y bienestar dejan de ser efectivos. Debemos llegar al punto en el que los placeres que normalmente nos aliviaban el dolor ahora nos aburren. Los placeres del pecado deben perder el poder anestésico que tienen sobre nuestros sufrimientos.

• Debemos suplicar al Espíritu de Dios que responda a nuestra necesidad de misericordia revelándonos el carácter peligrosamente malo de nuestro razonamiento caído.

• Debemos suplicar al Espíritu de Dios que nos revele la radiante belleza de Cristo hasta que las oportunidades de conocer al Señor y de reflejarle ante los demás lleguen a ser el ancla que dará estabilidad a nuestra alma en las mayores tempestades de nuestra vida.

Cambios cosméticos

La mayoría de nosotros sigue su camino cojeando un poco sin conocer gran cosa de estas cuatro condiciones. Buscamos el alivio de nuestros sufrimientos, acogemos con gran agrado todo placer que nos pueda hacer olvidarlos momentáneamente, esperamos que el Espíritu Santo ponga de manifiesto nuestro valor en vez de sacar a la luz las cosas feas que hay en nosotros y nos atrae mucho más lo que tiene que ver con nuestra realización personal que las oportunidades de conocer mejor a Dios mediante el sufrimiento.

Nunca deberíamos satisfacernos con que las cosas cambien si el cambio no es, al mismo tiempo, el fruto de una vigorosa rebeldía contra el estado actual de las cosas.

La vida puede seguir agradablemente su curso sin que prestemos atención a estas cuatro condiciones que pueden parecernos severas. Nos es posible resolver nuestros problemas, aliviar nuestros sufrimientos y mejorar relaciones tensas dejando intacto el razonamiento caído sobre el que descansan. Siempre es posible volver a decorar e incluso restaurar las habitaciones de una casa construida sobre malos fundamentos. Este tipo de cirugía estética se practica constantemente en las consultas de los psicólogos o consejeros, sean cristianos o no, en el mundo entero.

Este razonamiento caído no es impugnado por un gran número de pastores, formadores, evangelistas y consejeros. Me pregunto a veces si estos hombres no tienen la tendencia a promover la anchura en detrimento de la profundidad, y si el bien que hacen llega a formar un carácter capaz de atravesar las peores pruebas.

Nunca deberíamos satisfacernos con que las cosas cambien si el cambio no es, al mismo tiempo, el fruto de una vigorosa rebeldía contra el estado actual de las cosas. Mientras cumplimos el plan divino en este mundo, debemos tener la firme resolución de destruir todo rastro del enemigo todavía presente en nosotros.

Luchar contra el enemigo equivocado

Un capellán universitario que conozco bien, me dio una interesante ilustración del peligro que hay al querer promover el bien sin luchar contra el mal. Este hombre me contó la historia de algunos estudiantes cuyos padres frecuentaban grupos de terapia en doce etapas para superar toda una serie de malos hábitos y dependencias relacionales. Estos padres testificaron a sus hijos que habían logrado liberarse de la dominación de estos vicios y que conseguían ahora amarse mejor a ellos mismos.

Pero los estudiantes no compartían el entusiasmo de sus progenitores. No tenían mayores deseos de regresar a casa ahora que antes de la recuperación de sus padres. El padre estaba sobrio y el trato con él era más agradable, pero la hija sentía que seguía faltando entre ellos un lazo especial de conexión, como cuando estaba borracho. La madre estaba menos irritable, más dispuesta a oponerse a las exigencias irrazonables de otros, pero sus hijos evidenciaban la misma ausencia de tierna solicitud hacia ellos.

¿Por qué? ¿Sería posible que la mayor parte de nosotros estuviera luchando contra el enemigo equivocado? ¿Estaríamos luchando contra el odio hacia uno mismo o contra la irresponsabilidad, mientras que un enemigo mucho más temible se mantiene inalterado? ¿No sería mejor que el padre bebiera ocasionalmente y que la madre siguiera consagrando una grande parte de su tiempo fuera, si al mismo tiempo, encontraran una manera de darse a sí mismos a sus hijos?

Podrían conceder esta extraña bendición si se preocuparan menos de la sobriedad y de la afirmación del yo, y más de la búsqueda de Dios. Quizás entonces, darían más importancia a darse a sí mismos que al *descubrimiento* de sí mismos y aprenderían a odiar todo lo que interfiere en contra de este objetivo supremo. El odio de lo que merece ser odiado les ayudaría a poner orden en su vida para que puedan reflejar la bondad de

Dios, en vez de arreglar las cosas para que les procuren un mayor sentimiento de bienestar personal. Al descubrir a Dios, el padre conseguiría beber menos y la madre llegaría a controlar su tiempo de manera más responsable.

Las personas que se fijan como objetivo primordial encontrarse a sí mismas, bien sea mediante la práctica de una disciplina personal, bien sea buscando liberarse de la vergüenza, no ven en ellos mismos un problema más grave que una moral demasiado relajada o un problema de identidad. Por consiguiente, se proponen sencillamente esforzarse en *hacerlo mejor* o *amarse mejor a sí mismos*. Buscan la curación, sin antes conocer siquiera la causa profunda de su mal.

¿Sería posible que al apelar a Dios para que resuelva nuestros problemas, seamos incapaces de hacer frente a lo que *realmente* está viciado en nosotros? ¿Nos alejaríamos una y otra vez del proyecto de Dios, sintiéndonos entusiasmados, mientras deberíamos sentirnos quebrantados; o llenos de esperanza, mientras deberíamos estar desesperados? ¿Pasaríamos nuestra vida pintando paredes que se desmoronan? Como los líderes del tiempo de Ezequiel, ¿estaríamos diciendo "paz, paz" cuando no hay paz, pintando frágiles paredes que nos habríamos fabricado (Ez 13.10)? Si fuera el caso, he aquí lo que el Señor nos declara:

"Haré que la rompa (NdT. la pared) viento tempestuoso con i ira, y lluvia torrencial vendrá con mi furor, y piedras de granizo con enojo para consumir. Así desbarataré la pared que vosotros recubristeis con lodo suelto, y la echaré a tierra, y será descubierto su cimiento, y caerá, y seréis consumidos en medio de ella; y sabréis que yo soy Jehová" (Ez 13.13-14).

Dios es bueno, pase lo que pase

Para seguir un sendero, es necesario primero identificar su punto de partida. Si no dais con él, imposible seguir la pista.

La puerta estrecha que da acceso al camino que lleva a Dios, esta puerta que muchos creyentes piensan, equivocadamente, haber pasado ya, se encuentra resumida en una idea tan sencilla que tenemos tendencia a no apreciar en todo su alcance:

Sabemos que hemos descubierto a Dios si creemos firmemente que Dios es bueno, pase lo que pase.

Sabremos que hemos descubierto a Dios si nada puede sacudir nuestra confianza en su indefectible bondad, ni siquiera:

• una catástrofe aérea que mata a un ser querido;
• una biopsia cuyo resultado positivo quebranta nuestro sueños;
• la pérdida repentina de nuestro trabajo, que nos llena de incertidumbre y temor en cuanto a nuestro futuro;
• un cónyuge infiel que nos rompe el corazón;
• niños rebeldes que provocan grandes sufrimientos y alimentan dudas sobre nosotros;
• una profesión exigente que nos impone un ritmo infernal;
• luchas contra el odio hacia uno mismo que hacen parecer toda alusión a nuestra identidad en Cristo como una burla;
• recuerdos de abusos pasados que nos avasallan al despertar y hacen que cada noche se convierta en una pesadilla;
• fracasos personales que hacen esfumarse los últimos rayos de esperanza;
• decisiones difíciles de tomar que implican una pérdida importante sea cual sea la resolución escogida;
• una soledad angustiosa que nos cubre el alma como una espesa neblina.

Conservar la confianza en la bondad de Dios en momentos así no es cosa fácil. Como Job, clamaremos nuestro terror y nuestra desesperanza. "¿Dónde estaba Dios cuando me violaron? pregunta la víctima de un agresor. No me digas que estaba allí. Ya lo sé. Pero, ¿por qué no intervino?" "No sabía que nuestro hijito jugaba detrás de nuestro coche. Di marcha atrás y lo maté", dice entre sollozos el joven padre. "¿Cómo puede permitir eso un Dios bueno?"

Nadie, estudiando la vida, podrá llegar a la conclusión de que Dios es bueno. Las pruebas indican más bien lo contrario. La creencia en la bondad de Dios y la adoración que fluye naturalmente de la confianza en Dios, depende de una revelación, obra del Espíritu Santo. Cuando nos lleva a la presencia de la bondad suprema, cuando un solo rayo de la gloria invisible atraviesa la noche de nuestros dramas más tenebrosos, nace la fe.

Y la fe dada por el Espíritu de Dios convierte toda preocupación hacia uno mismo en algo ridículamente inútil. Sabemos que estamos en buenas manos, pase lo que pase. Nuestra manera de vivir reflejará nuestro conocimiento.

Podemos estar tranquilos y seguir normalmente el curso de nuestra vida aquí abajo adorando a Dios y adelantando su reino.

Todo creyente tiene una relación con Cristo como salvador, con Dios como Padre y con el Espíritu Santo como el consolador y guía que mora en él. Todos y cada uno pueden entonces decir con toda propiedad: "He encontrado a Dios", o más exactamente: "Dios me ha encontrado".

Pero en un sentido más amplio, todo creyente debe también poder declarar: "Le estoy buscando todavía." Incluso Pablo anhelaba conocer mejor a Cristo porque se daba cuenta de que no había entendido plenamente todo lo que a él se refería (Fil 3.12-14).

Esta búsqueda de Dios nos hará pasar por luchas, desengaños y confusión. No es siempre fácil depositar su confianza en un Dios que no nos dice claramente a cada paso lo que está haciendo.

Nos cuesta creer que tiene en cuenta nuestro ardiente deseo de ser felices. Pensamos, naturalmente, más bien lo contrario.

Abandonados a nuestra manera de pensar, estaríamos tentados a concluir que o Dios no es bueno o que no existe.

Esta inclinación natural es lo que está fundamentalmente viciado en nosotros. Abandonados a nuestra manera de pensar, estaríamos tentados a concluir que o Dios no es bueno o que no existe, que ningún Dios del universo es suficientemente bueno para merecer nuestra confianza para las cosas que de verdad importan en la vida. Podemos seguir pidiéndole que bendiga nuestras comidas, pero no estamos dispuestos a seguir confiando en él si un ser querido nos traiciona.

Considerando como Dios trata a algunos de sus hijos, incluso los que se abandonan totalmente a él, no nos quedamos muy impresionados. Entonces, cuando Dios parece cruel, el pecado parece bueno. Nuestra determinación a tomar las cosas en nuestras manos nos parece plenamente moral.

Esta duda en cuanto a la bondad de Dios, como si de un virus se tratara, se fue transmitiendo a todos los seres humanos – exceptuando uno. El y solo él, porque llevó una vida de total confianza en su Padre, nos da una razón para sustituir la duda con la fe. Jesucristo ha dado a conocer a su Padre y se deleita en seguir revelándolo. Porque es mediante Cristo que podemos encontrar a Dios. No hay otro camino.

Si es verdad que todos nuestros problemas tienen su origen en la duda en cuanto a la bondad de Dios (o que su bondad es insuficiente), la única manera de resolverlos es conociendo mejor a Cristo, y por lo tanto descubrir a Dios. Acordaos del principio que vimos:

Sabemos que hemos descubierto a Dios si creemos firmemente que Dios es bueno, pase lo que pase.

O, en otras palabras:

Descubrir a Dios, es desarrollar a través de Cristo una confianza inquebrantable en la absoluta bondad de Dios y en su perfecto amor, independientemente de todo lo que nos puede reservar la vida.

Descubrir a Dios, es descansar en su bondad cuando se vive en la pobreza, cuando se es ciego o cuando una catástrofe aérea golpea la familia. Es hacer frente a todas las situaciones de la existencia, tanto las buenas como las malas, en un espíritu de confianza. Nuestra vocación supera la simple voluntad de ser gozoso cuando todo va bien o de ser fiel cuando todo va mal: debemos reflejar nuestra confianza en Dios en *todas* nuestras relaciones y en todas nuestras actividades, en *todas* nuestras alegrías y en *todos* nuestros pesares.

Cuando Dios se revela a nosotros

Cuando nos acercamos a Dios en la actitud de un mendigo indigno que basa toda su esperanza en la generosidad de otros –como el hijo pródigo que reconoció su pecado y que, sin embargo, confió en el amor de su padre para que le perdonara– entonces, Dios desgarra el velo que nos separa de él, viene a nuestro encuentro con un anillo y un vestido nuevo; hace preparar un banquete y nos sorprende con su ardiente deseo de tener con nosotros una relación de amistad íntima. Como su corazón generoso rebosa, no va a permitir que nos perdamos nada de lo que nos podrá ayudar a conocerlo mejor. En su soberana sabiduría y sin consultarnos, arregla pacientemente todas las cosas para que podamos conocerlo como aquel que satisface plenamente nuestra alma, como el Esposo que nos ama, el Dios bueno que no tiene otro objetivo que nuestro gozo.

En la época de Malaquías, unos israelitas vinieron a Dios humildemente, implorando su perdón. El Señor tomó buena nota. En vez de taparse los oídos, "fue atento y escuchó" (Mal

3.16). Prestó atención a las buenas palabras que intercambiaron acerca de él. Los dos verbos *fue atento* y *escuchó* revelan un Dios dispuesto a pararse en cuanto oye hablar su nombre, que se gira para descubrir quien le llama e inclina su oído en dirección de la boca del que habla, como si no quisiera perderse ni una sola palabra.

Dios desea que lo encontremos. Se deleita en ser conocido. Es feliz cuando nos acercamos a él. Pero nuestra búsqueda deber realizarse según *sus* condiciones. Y dichas condiciones implican un cambio radical de nuestra inclinación natural a dudar de su bondad. No tolera que nadie se ponga como juez suyo. No somos sus jueces. Somos nosotros lo que somos juzgados, perdonados, invitados. "Venid y ved cuán bueno es el Señor."

Anhelo ardientemente saborear más aún cuán bueno es el Señor. Pero no lo podré hacer mientras crea que tiene la obligación de resolver mis problemas. Dios no permitirá que lo encuentre si lo considero como un simple medio para lograr la satisfacción de mis deseos.

Es la razón por la que me es preciso colaborar con Dios en el desmantelamiento del razonamiento caído sobre el que se edifica una parte tan importante de mi vida. El tambaleante fundamento de la duda debe dejar lugar al inconmovible fundamento de la confianza.

Fundamentos según Dios

Meditad un instante sobre lo que sería vuestra vida si os acercarais a Dios en un espíritu totalmente diferente. Imaginad que os dirigís a él contentos, gozosos y dispuestos a dar, que edificarais vuestra vida sobre un fundamento santo que podríamos llamar "Creo en Dios" en vez del fundamento resquebrajado "Dudo de Dios". De momento, no os preocupéis de conocer cómo se puede hacer el cambio de fundamento.

Constatad simplemente hasta qué punto anheláis descansar en el buen fundamento:

• De ahora en adelante, no *dudáis* más de su bondad, *creéis* en ella.

• No estáis más *aterrados*, sino os sentís *sosegados* por sus palabras: "Nunca te abandonaré. Podrás atravesar conmigo el valle de sombra de muerte. Anímate. Tendrás tribulaciones en este mundo, pero recuerda, yo las he vencido. El final de tu historia es demasiado hermoso para poder ser descrito. Confía en mí."

• No sentís más *ira* contra él, al contrario, tenéis deseos de *adorarle*. "Señor Dios, tú solo eres digno de confianza. Creo que todos los que te aman jamás serán confundidos."

Imaginad lo que sería vuestra vida si pudierais decir las palabras siguientes del profeta Habacuc, ¡haciéndolas vuestras de todo corazón! (He añadido algunas propuestas entre paréntesis para resaltar mejor el sentido.)

Aunque la higuera no florezca,
(y me quede solo)

Ni en las vides haya frutos,
(y no encuentre ninguna alegría en el mundo actual)

Aunque falte el producto del olivo,
(no tenga nada para calmar mis llagas abiertas)

Y los labrados no den mantenimiento,
(y me quede sin trabajo u odie mi empleo actual)

Y las ovejas sean quitadas de la majada,
(no tenga a nadie con quien cobijarme en las noches frías)

Y no haya vacas en los corrales;
(y yo no tenga ninguna razón objetiva para sentirme seguro)

Con todo, yo me alegraré en el Dios de mi salvación. Jehová el Señor es mi fortaleza, El cual hace mis pies como de ciervas, Y en las alturas me hace andar.
(Habacuc 3.17-19)

La sustitución del fundamento de la duda por el de la confianza, del terror por el del gozo, del de la ira por el de la adoración, solo se hará si algo en lo más profundo de nosotros mismos nos hace anhelar más que cualquier otra cosa el poder edificar nuestra vida sobre la realidad de Dios.

No hemos llegado a este punto todavía. Nadie ha llegado, al menos plenamente.

Cuando nuestro corazón está lleno de dudas, de terror y de ira, nos dirigimos hacia los demás no para amarlos, sino para arrancarles por lo menos una mínima parte de lo que necesitamos. Resueltos a aliviar nuestro dolor y a vengarnos de Dios, entramos en relación con los demás con este grito desesperado que a primera vista parece tan razonable: "¡Os necesito!". Este grito nos lleva al primer nivel de nuestra lógica caída.

CAPÍTULO 10

Primer nivel: os necesito

Cuando nuestras dudas en cuanto a Dios engendran el terror de vivir ("¿Qué me va a pasar mañana? ¿Irá todo bien?") y una rabia contra Dios ("¿Por qué no viene para socorrerme como deseo que lo haga?"), nos dirigimos entonces hacia los demás, no para amarlos, sino para exigir que nos concedan algo que nos haga la vida más agradable o por lo menos más soportable. Algo se debe hacer, pero no podemos contar con Dios.

Somos capaces de disfrazar nuestras reivindicaciones bajo el manto de la cortesía o de la amabilidad, pero en realidad nuestras exigencias son claras y diáfanas:

• Dejadme respirar un poco.

• No me pongáis en una situación donde tendría que ser más fuerte de lo que soy en la actualidad. No me *forcéis* a progresar.

• No me culpéis cuando fracaso. Dadme la seguridad de que me aceptaréis aún cuando os hiera.

• Respetadme, aún cuando no lo merezca.

• Sed sensibles a mi necesidad de ser valorado y al modo en que deseo serlo.

• Soportadme en mis torpes esfuerzos para llegar a ser más responsable, y entended hasta qué punto mi dolor me lo pone difícil.

Lo que deberíamos aceptar con agradecimiento como favores, lo reclamamos como derechos. Nos han acostumbrado tanto a focalizarnos en nuestras heridas y en nuestros anhelos que todo lo demás pierde su importancia. En vez de preguntarnos lo que somos todavía capaces de dar *a pesar de* nuestro dolor, centramos nuestra atención sobre nuestro dolor, empleando la jerga de moda para describirlo ("Mi comportamiento disfuncional resulta de la humillación padecida y de la codependencia") e intentando superarlo siguiendo las últimas técnicas elaboradas por los expertos en boga. En el nombre de la franqueza y de la vulnerabilidad, hacemos alarde de nuestros males y de nuestras penas con la actitud satisfecha de un noble luchador, sin preocuparnos para nada por el impacto que dejamos en los demás, para bien o para mal. Se trata de nosotros. *Nuestro* bienestar está en juego. "Después de todo lo que he tenido que pasar, necesito que ahora cuiden de mí. *¡Os necesito!*"

Nosotros en primer lugar

Nadie está a salvo de la tendencia de colocarse en primer lugar. No creo haber aprendido algo más sorprendente sobre mí mismo que el reflejo automático que me lleva a colocar mis necesidades en primer lugar.

Después del fallecimiento de mi hermano, tuve que tomar la palabra en el sepelio organizado en su memoria. Mientras me preparaba para decir algo en nombre de toda la familia, le pedía a Dios que usara mi lengua temblorosa, en esta difícil situación, para animar a otros a confiar en su bondad pasara lo que pasara en su vida. De verdad, quería dar.

Durante mi mensaje, me impactó una frase que acababa de pronunciar; era particularmente rica en significado. Como lo haría todo conferenciante experimentado, hice una pausa para que se gravara en la mente de mis oyentes. Durante este silencio, que duró unos dos o tres segundos, me sorprendí al albergar el pensamiento siguiente: "¡Lo he bordado! ¡Y qué bien me ha quedado esta pausa!" Inmediatamente después, como si recibiera una bofetada en plena cara, me di cuenta de que me preocupaba más de la imagen que daba de mí mismo que del impacto real de mi mensaje.

Por la noche, lloré amargamente. Me llenaba de tristeza el darme cuenta de que aún en el sepelio de mi propio hermano, no había conseguido sustraerme a este maldito orgullo. Había estado ante un auditorio lleno de amigos que habían venido para compartir nuestra pena y todo lo que quería era que aplaudieran mis habilidades de orador. Sin decirlo con palabras, les dejaba el mensaje siguiente: "Os necesito. Por favor, acariciad mi ego y ayudadme a sentirme bien en el uso de los dones que Dios me ha dado."

Quiero lo que quiero cuando lo quiero. ¿Existe un lema más noble?

La gracia de Dios *me libera de la necesidad* de ser mejor de lo que soy, y *me permite hacer frente* con mayor libertad a lo que soy de verdad sin tener que huir. El choque que produce la verdad sobre mí me capacita para entender con mayor profundidad la gracia de Dios.

Lo que provoca la codependencia

A menudo, me persuado de que alguien tiene la obligación de dar el alimento que mi corazón hambriento reclama y el agua que saciará mi alma reseca. Y cuando nadie responde a mis expectativas, considero que tengo todo el derecho de tomar las medidas necesarias para colmar mi vacío. La moralidad de dichas medidas dependerá de su eficacia. Si consigo lo que deseo, serán morales. Quiero lo que quiero cuando lo quiero. ¿Existe un lema más noble?

Como Dios solo responde a las oraciones que van en el sentido de sus planes, no puedo manipularlo. Le doy pues la espalda para dirigirme a vosotros y con habilidad consumada os arrebato lo que deseo. De esta forma caigo en lo que ha llegado a llamarse la codependencia: manipular a una persona para que actúe de un modo que me proporcione un sentimiento de seguridad. Este mecanismo no es solo neurótico, es perverso. Para liberarme de la codependencia, no basta con reconocer mis necesidades y mi incapacidad para satisfacerlas; debo también arrepentirme por no haber confiado más en Dios, pidiendo a una criatura humana lo que solo él puede darme.

Que de forma consciente sienta mi dolor o no, soy mucho más consciente de mis sentimientos que de los vuestros. Mientras no tenga la plena confianza de que Dios conoce mi vacío y mi pena y de que está dispuesto a cuidar de mí, seguiré velando sobre mis intereses antes de tener en cuenta los vuestros. Por otra parte, no me preocuparé mucho por vosotros, pues me absorberán mis propias preocupaciones. ¿No lo veis? Os necesito más de lo que vosotros me necesitáis. Si pudierais adentraros en mi alma y contemplar la angustia que la llena, lo entenderíais.

Dos principios en juego

Analizando de cerca la naturaleza de nuestras relaciones con los demás, constatamos que obedecen a uno de los dos principios siguientes: *O bien* nos preocupamos más por lo que los demás pueden hacer en nuestro favor, *o bien* nos preocupamos más de lo que nosotros podemos darles. Una buena relación se establece cuando ambas partes siguen el segundo principio.

No basta con decidir que el segundo principio es mejor que el primero y de esforzarse en seguirlo. Mientras el fundamento de nuestro razonamiento caído no sea abatido, no podremos convertirnos en mejores personas con un simple acto de nuestra voluntad. Todo intento en este sentido crea frustraciones y a veces un sentimiento de prepotencia para los que piensan que sus esfuerzos tienen verdadero éxito.

O bien nos preocupamos más por lo que los demás pueden hacer en nuestro favor, o bien nos preocupamos más de lo que nosotros podemos darles.

Muchas personas reconocen que sus esfuerzos para ser mejores están abocados al fracaso, por lo que intentan otro método que revela ser desastroso. Se imaginan que aprender primero a amarse a sí mismos les permitirá luego amar mejor a su prójimo. El problema con este método es que nuestra necesidad de amor no tiene límites. En cuanto empezamos a preocuparnos por amarnos a nosotros mismos, no nos preocuparemos por amar a los demás. Sin duda, aprenderemos a ser más asertivos con ellos, pero no llegaremos a amarlos de verdad.

No debemos apoyarnos sobre nuestros únicos esfuerzos para amar mejor y no debemos hacer de nuestra necesidad de amor la prioridad número uno. Debemos más bien entender hasta qué punto sufrimos, con cuánto anhelo clamamos para que alguien alivie nuestro dolor, y cuán poco confiamos en el Señor para ministrarnos.

Por tanto, no es preciso renunciar a toda esperanza de encontrar un método que nos permita confiar mejor en Dios. Tenemos sencillamente que esforzarnos en obedecer, orar e impregnarnos de su Palabra; y al cabo de unos meses, quizás incluso años, mientras no se produce ningún cambio aparente en nuestra experiencia con Dios o en nuestras relaciones con otros, descubriremos en nosotros mismos una mayor disposición para confiar. Veremos más claramente nuestro profundo menosprecio hacia Dios, reconoceremos que somos insensatos cuando exigimos que alguien cuide de nosotros, y descubriremos en nosotros un gran anhelo de confiar en el Señor. Solo entonces, nos daremos cuenta de hasta qué punto es natural para nosotros exigir algo de los demás, en vez de darles algo.

Cuando vivimos en la expectativa de recibir de otros (lo que hacen todos los que acusan a Dios de no ser suficientemente bueno), experimentamos siempre los mismos resultados: inevitable decepción, realización pasajera y amarga soledad. Cuando dudamos de Dios y le damos la espalda para clamar a los demás: "Os necesito", no cesaremos nunca de clamar.

La lógica divina: os amo

Pero meditad un momento sobre la posibilidad de que las cosas sean distintas. El Señor dijo a sus discípulos: "Os doy un mandamiento nuevo: amaos los unos a los otros" (Juan 13.34). Este mandamiento había sido dado siglos antes (Levítico 19.18). ¿En qué era nuevo cuando lo recordó el Señor?

Después de haberlo mencionado el Señor añadió: "Cómo yo os he amado, vosotros también amaos los unos a los otros." Por lo visto, su manera de amar a sus discípulos, que solo se puso de manifiesto cuando comenzó a recorrer los caminos de Palestina con ellos, iba a dar una nueva dimensión a su amor mutuo.

Cuando Jesús vino a la tierra, reveló su verdadera naturaleza así como la del Padre. En él, vemos claramente cómo es Dios. Hasta su venida, la orden de amar era solo una orden.

Pero ahora, con una revelación más amplia de la bondad de Dios manifestada por la gracia conseguida en Cristo, el mandamiento nos parece como la invitación a una velada en la que nosotros somos los invitados y Cristo el anfitrión. Él ofrece la comida, y cada conversación refleja nuestra fascinación por su persona. Si obedezco su mandamiento y os amo, Jesucristo se da a conocer a mí (Juan 14.21.23). Corre la cortina y me da la oportunidad de echar una mirada sobre el recibimiento que pronto será mío. Después de haber contemplado este espectáculo, solo quiero una cosa: que sea destruido el razonamiento caído al que he obedecido hasta ahora. Estoy incluso dispuesto a enterrar el hacha de guerra con el que había amenazado a viejos enemigos.

De ahora en adelante, tengo el reto de sustituir la *duda* y sus colegas, el terror y la rabia, por una *confianza* en la excelencia del carácter de Dios, confianza que me permitirá estar tranquilo y descansar (cf. Isaías 30.15). Entonces, puedo ir a los demás con mayor facilidad sin exigirles lo que Dios me ha concedido. Mejor protegido que un jefe de estado, tengo lo posibilidad de moverme en toda libertad, casi con atrevimiento, en este mundo por otra parte aterrador. En vez de decir: "Os necesito", digo "Tengo algo bueno que daros. Quisiera que pudiereis descansar en esta fuerza que me permite, poco a poco, ser libre y permanecer confiado y lleno de esperanza, sea cual sea mi estado de ánimo y la dureza de los combates a los que tendré que enfrentarme."

En la vida actual, la confianza en Dios y la esperanza fundada sobre su providencia, no se exteriorizan siempre en un gozo desbordante. Los creyentes que tienen fe y que esperan en Dios se caracterizan por su perseverancia y la renuncia a buscar un alivio ilegítimo en medio de sus luchas incesantes.

Capaces de dar

Una joven soltera que comparte con el Señor una comunión llena de fervor y de obediencia, me envió estas palabras después de un tiempo de consejería de varios meses: "Me pregunto en ocasiones si ha habido en mí algún cambio, aún mínimo, el año pasado. Veo constantemente cómo intento protegerme en mis relaciones con los demás, y desearía que no fuera así. Tengo tendencia a echarme esto en cara, y la gracia de Dios me parece entonces muy lejana. Esto no es el cielo todavía, y por eso lo necesito tanto a El para poder soportar el sufrimiento y al mismo tiempo ser capaz de amar y de dar."

Su deseo más profundo de dar es la única prueba del cambio que se produjo con respecto a su vida pasada. Me siento con ganas de felicitarla diciéndola: "¿No lo ve? ¡Que una mujer, antes únicamente preocupada por ella misma, llegue hoy a tener unas ganas tremendas de dar, es un milagro! Este es el tipo de cambio que Dios busca. Se ha producido en su vida. Puede usted cantar de todo corazón. ¡Dios está obrando!"

Sin embargo, es difícil cantar cuando siguen las luchas contra la soledad, el desánimo y el odio hacia uno mismo. Es tentador postergar la fiesta hasta que estas dificultades hayan desaparecido, hasta que podamos gozar de relaciones gratificantes y nos sintamos animados por el aprecio de los demás.

En su carta, esta mujer contaba como había decidido ayudar a su sobrino de cuatro años a arreglar su habitación y a jugar a la pelota con él. Había tomado esta decisión cuando estaba al borde de la desesperación por sentirse sola y rechazada. Pero su hermana, muy cansada, necesitaba ayuda.

Seguía escribiendo: "Semejantes detalles parecen irrisorios. Sin embargo, podría mencionar numerosas otras ocasiones de este estilo que he tenido luego, en las que experimenté un *cambio de orientación de mi corazón*, y entonces llegué a ser capaz de ir a los demás con el deseo de dar."

Esta joven pasó de la etapa: "Os necesito" a la etapa: "Os doy." Es un cambio que todos debemos efectuar. Si no lo queremos hacer, pasamos inevitablemente del "Os necesito" al "Os odio."

CAPÍTULO 11

Segundo nivel: os odio

El segundo nivel de nuestra lógica caída se entiende muy bien. Si le pedimos a alguien que nos dé una barra de pan pensando que debe dárnosla, nos sentiremos ofendidos si no lo hace. Unos objetivos que no logran cumplirse engendran ira, sobre todo si pensamos que son indispensables para nuestra supervivencia.

Deseos contradictorios

Carlos, un químico de treinta y ocho años, llevaba una vida ordenada. Para él la disciplina era la virtud por excelencia. La muralla que había desplegado alrededor de su vida le preservaba del dolor de haber tenido un padre que nunca se había mostrado cercano a él. Su lema era: "Si hago bien lo que tengo que hacer, tendré éxito". La idea de tener relaciones profundas con los demás nunca venía a su mente. Consideraba que los demás tenían que hacer como él: hacer las cosas bien.

Una tarde, dijo a su mujer Luisa que tenía que volver al trabajo después de la cena. Para ella, "después de la cena", bien podía ser la seis y media o bien las siete. Pero para él, era las seis y media en punto. Ella salió con el coche para hacer compras y volvió poco antes de las siete. Carlos la esperaba en la puerta con la cara larga de los días malos. Airado, le arrancó las llaves de las manos y se metió rápidamente en su coche. Luisa no tenía ni idea de lo que había hecho mal. No se daba cuenta del papel que jugaban los principios de una vida ordenada para su marido.

En realidad, Carlos vivía una vida muy estructurada para protegerse contra el dolor de la ausencia de relaciones profundas. Se decía a sí mismo que si hacía bien todo lo que tenía que hacer, nadie tendría derecho a criticarle, y que no tendría que admitir hasta qué punto anhelaba una relación que nunca había tenido. Aquella tarde, Luisa había, involuntariamente, contrariado sus objetivos. Para él, le había privado de su única posibilidad de vivir sin dolor. Por lo que se había enfadado con ella, y la odiaba.

Es precisamente lo que explica Santiago: "¿De dónde vienen las guerras y los pleitos entre vosotros? ¿No es de vuestras pasiones, las cuales combaten en vuestros miembros? Codiciáis, y no tenéis" (Santiago 4.1-2).

Cuando hablamos de sentirnos ofendidos nos quedamos cortos. ¡Cuando alguien puede darnos algo que necesitamos, y se niega, más que ofendidos nos sentimos indignados! El barniz de buenos modales nos impedirá expresar nuestra rabia de forma violenta y vulgar, pero no atenuará el fuego del furor interno. Sin lugar a dudas, los consejeros al acecho de la ira inhibida verán sus esfuerzos ampliamente recompensados. Está en cada uno de nosotros. Somos todos seres airados.

Las raíces de la ira

Pero sería un grave error tratar las manifestaciones de la ira sin averiguar antes cuáles son sus raíces. Nos seduce más la idea de que somos capaces de triunfar sobre nuestra ira dominándola o aprendiendo a identificar y aceptar la herida que la provocó. Pocas sesiones de consejería terminan sin que el consejero diga más o menos lo siguiente: "Me pregunto si su ira no refleja un mayor deseo de intimidad de lo que su conyugue (amigo, pariente) le ofrece. Quizás debería entender que su irritación esconde sus heridas y su soledad. Me gustaría que diera a conocer las heridas que siente a aquel contra quien está airado."

La verdadera ira, la que hierve en el fuero interno y amenaza con desbordarse, la que inspira observaciones mordaces y comportamientos fríos y distantes, hunde sus raíces en nuestra actitud hacia Dios. Nos remite siempre a un problema más grave que sus causas inmediatas. Si en vez de dudar de Dios, confiáramos en él, sabiendo que tiene en cuenta todos nuestros deseos legítimos y todas nuestras necesidades, y si consideráramos la voluntad de Dios a comprometerse en ello como la expresión de su bondad y no de nuestro valor, entonces los malos tratos que padecemos de los demás, sea cual sea su gravedad, solo suscitarían en nosotros una ira justa, y no este furor astuto, malvado y asesino que anhela destruir.

Cuando las dudas en cuanto a Dios nos llevan a apelar ansiosamente a los demás para que nos ayuden, el odio que sentimos hacia los que nos fallan siempre es un odio culpable. Peor aún, es un odio persistente. No podemos deshacernos de él mientras no hayamos cambiado de actitud hacia Dios. Podremos reprimirlo o disimularlo detrás de algunas buenas acciones, pero seguirá estando en nosotros, con toda su fealdad, listo para explotar.

¡Cuando alguien puede darnos algo que necesitamos,
y se niega, más que ofendidos nos sentimos indignados!

Nuestra naturaleza caída, que considera que Dios no es digno de confianza, y que reclama por consiguiente el apoyo de los demás, siempre lleva un fruto que destruye las relaciones. ¿Qué dice el apóstol Pablo a los Gálatas? "Y manifiestas son las obras de la carne… enemistades, pleitos, celos, iras, contiendas, disensiones…" (Gál 5.19-21).

Construir la vida sobre esta lógica perversa engendra enormes problemas ligados a la ira. Detrás de la mayor parte de los síntomas de desórdenes psicológicos, como los trastornos alimenticios, las perversiones sexuales y las depresiones, se halla un depósito en el que hierve una rabia alimentada por las innumerables exigencias que imponemos a los demás, las cuales van siendo alimentadas por la duda aún más grande y despreciable en cuanto a la bondad de Dios, duda que deja lugar al odio.

La lógica divina: os acepto

Imaginad lo que sería la vida si pudierais desarrollar una confianza en Dios que os dé la libertad de ir hacia los demás sin exigir nada de ellos, y de aprovechar con entusiasmo las oportunidades de comunicar el sabor de Dios, en vez de arrebatar de ellos algo que queremos.

Pensad en el poder que tendríais si la persona que os ha decepcionado viera en vuestra mirada la llama de una tierna pasión que arde aún más intensamente que la ira o el dolor. La fuerza para amar en vez de odiar refleja la energía de Cristo, es decir una santa pasión que revela la bondad del Padre que atrae irresistiblemente. El hecho de pasar de la etapa "Os odio" a la de "Cuido de vosotros" permitiría reconciliar familias deshechas y traer alegría donde solo había tristeza.

Charo estaba inmersa en una grave depresión. Durante una sesión de terapia, su marido Juan puso su mano sobre su rodilla en señal de protección. En seguida se puso tensa. Observaba su reacción.

Parece ser que Juan tenía la costumbre de manifestar a su mujer gestos cariñosos cada vez que ella mostraba su desacuerdo en lo que fuera. Pero, nunca había intentado entender su sufrimiento, ni contemplado con ella el mejor modo de hacerle frente, ni escuchado atentamente y con amor lo que se escondía detrás de su herida. Le aterraba la idea de enfrentarse a algo en la vida de su esposa que no supiera resolver. Ella estaba furiosa, si bien disimulaba su ira detrás de una sonrisa fingida.

Desafié aquella fingida sonrisa. Acabó por reconocer su rabia, luego admitió necesitar desesperadamente que Juan la entendiera, la aceptara y la protegiera como nadie lo había hecho antes, ni su padre ni Dios. Cuando se dio cuenta de que su mayor desengaño provenía de Dios, se sintió quebrantada. Vino a él en sincero arrepentimiento, pasó horas leyendo y meditando con provecho las Escrituras, y confesó a Juan hasta qué punto, en su temor, había albergado odio hacia él y hacia Dios.

Gracias a la obra efectuada por Dios en su corazón, Charo fue liberada para poder dar *a* Juan, en vez de buscar recibir *de* él. El cambio producido en Charo ayudó a Juan a acercarse a ella de una manera más significativa.

Esta transformación radical de la manera de pensar implica que los aspectos más fundamentales de nuestro razonamiento caído han sido desbaratados. Una relación fundada sobre los tres principios "Dudo de Dios", "Os necesito", "Os odio" no puede funcionar. Se producirán inevitablemente conflictos, tensiones y distanciamiento. Cuando la situación empeora y todo se desmorona, en vez de reconocer nuestro fracaso y atribuirlo a nuestro rechazo a confiar en Dios, escogemos *no depender de los demás* y apañárnoslas por *nosotros mismos*. Empezamos a modificar la manera que teníamos de vernos a nosotros mismos con la esperanza de lograr dar un sentido satisfactorio a la vida sin tener que confiar en Dios. Llegamos así al tercer nivel de nuestra lógica perversa.

CAPÍTULO 12

Tercer nivel: me odio

Nadie viene a Dios por iniciativa propia. En general, ocurre lo contrario. Incluso los creyentes que ya se acercaron a Cristo y cuyo corazón ha sido transformado para buscar su presencia encuentran el medio de no confiar plenamente en él. Estamos convencidos de que debe ser posible gozar de una vida agradable usando los medios y las estrategias que tenemos a mano. En resumen, estamos dispuestos a todo para no tener que acudir a Dios.

Confiar en Dios como él nos pide es tan poco natural como para un niño bien apegado a su madre, confiar en un extraño. En ambos casos, es preciso superar una timidez que se opone al establecimiento de lazos de amistad. Y resistimos a todo lo que nos presiona para vencer esta timidez. Ante un vecino amable que le tiende los brazos, un bebé se pone a chillar o a agarrarse más fuertemente a su madre. Nosotros también rehusamos los brazos abiertos de Dios y seguimos pensando que nos las podremos apañar mejor solitos. Reprimimos nuestros anhelos, nos complacemos en los placeres que encontramos, cultivamos nuestros dones naturales para merecer la aprobación de otros, ganar más dinero o conseguir fama; nos apoyamos en la ira para intimidar a otros y parecer fuertes. Solo nuestro ingenio depravado limita esta lista.

Sin embargo, todas estas estrategias tienen por lo menos un punto en común: *son esfuerzos desplegados para evitar la desesperación que se presenta cuando entendemos que ninguna relación humana aquí abajo nos dará lo que necesitamos.* Las relaciones personales decepcionantes deberían movernos a postrarnos ante Dios para implorar su perdón y su consuelo. Esto, raras veces ocurre, y nunca sin la obra del Espíritu Santo.

Odiarse a sí mismo

Cuando una relación de amistad se degrada, cuando una persona con la que contábamos para suplir una necesidad revela que es incapaz de satisfacerla, empezamos a odiarla antes de odiarnos a nosotros mismos.

Estamos convencidos de que debe ser posible gozar de una vida agradable usando los medios y las estrategias que tenemos a mano.

Laura lucha con una baja auto-estima. En la terapia de grupo que sigue, cada uno se esfuerza para valorarla y animarla a mostrarse más firme en sus relaciones. Todos subrayan incansablemente que tiene una nueva identidad en Cristo. A pesar de todo esto, sigue vagamente sintiendo cierta hacia sí misma.

Los padres de Laura, de los que dependía naturalmente para el amor y el apoyo, la habían decepcionado profundamente. La madre tenía grandes resentimientos en contra del padre y su amargura se desbordaba también sobre los hijos. El padre era a veces distante, a veces malo, exceptuando las ocasiones en las que manoseaba a su hija. Laura odiaba a sus padres. Pero el odio que les tenía no aliviaba su miseria.

El niño intenta darle un sentido a su mundo. "¿Por qué me maltratan? se pregunta. ¿Qué debo hacer para mejorar mi condición?" Cuando el niño se da cuenta de que la culpa del maltrato que recibe no es suya, sino de sus padres, pierde toda esperanza. "Si papá y mamá no me aman, ¿quién me amará? ¡Estoy perdido!"

Como muchos otros, Laura escapó del terror de la desesperación culpándose por las faltas de sus padres. Empezó a pensar que eran sus propias faltas las responsables de los malos tratos que padecía de sus padres. "No me extraña que me hayan odiado, concluyó, yo misma no colaboraba para nada. Sin duda, hay en mí algo especialmente malo; si no fuera así, mamá y papá no serían tan malos conmigo. Si logro ver lo que no está bien en mí y consigo corregirlo, seguro que me amarán."

Laura se había fijado un objetivo: descubrir lo que fallaba en ella para corregirlo. Creía que los demás la rechazaban debido a sus defectos. Si lograra corregirlos, pensaba, acabarían por amarla. Este pensamiento le dio la esperanza de que un día llegaría a mejorar su condición sin tener que dirigirse a Dios. El odio que tenía contra ella misma la protegía de tener que enfrentarse al hecho de que nadie, jamás, podría satisfacer realmente la sed de su alma.

Pero las estrategias de Laura (para ser amable y esconder todo lo que podría llevarla a un rechazo) *exigían* que creyera que sus imperfecciones explicaban perfectamente por qué los demás no la amaban como quería. Tener una mediocre auto-estima llegaba a ser de esta manera una *necesidad* para sobrevivir en un mundo decepcionante en el que no confiaba en Dios. A pesar del apoyo que recibía del grupo de terapia, éste nunca abordó el problema del rol perverso que jugaba su baja auto-estima.

Nadie se preocupa de nosotros

Odiar a alguien que os ha fallado es una reacción fácil de entender. El o ella habrían *tenido que* tratarnos con más cuidado. ¿Qué les pasa, caray?

No obstante, un día u otro nos damos cuenta de que, de hecho, *nadie* nos procura lo que necesitamos. Nadie es verdaderamente sensible a nuestras heridas y miedos. Nadie nos rodea de un amor que nos permitiría sentirnos plenamente relajados y tranquilos. Finalmente entendemos que, probablemente, nadie jamás hará algo así. Desde el rincón más remoto de nuestra alma surge entonces una angustia terrible que nos envuelve totalmente y una voz helada susurra: "Estás solo. Y toda esperanza de vivir en fraternidad, de conocer el amor, de tener un sentido, ha desaparecido para siempre."

Es en este momento, cuando nuestra alma tiembla ante la amenaza de la angustia, cuando se presenta una oportunidad única para cada uno de depositar su esperanza en Dios. Ahora bien, nadie la aprovecha por iniciativa propia. Estamos todos resueltamente decididos a arreglar nuestra vida con nuestros propios recursos. La tendencia instintiva de confiar solo en nosotros mismos es una manía, la raíz de todas las adicciones.

Un día u otro nos damos cuenta de que, de hecho,
nadie nos procura lo que necesitamos.

Con una sabiduría diabólica, encontramos un medio que promete sacarnos de las tinieblas y hacernos desembocar en la radiante luz de una vida feliz, sin tener que doblar las rodillas delante de Dios. Volvemos a tener esperanza al decirnos a nosotros mismos: "Si nadie acepta relacionarse conmigo como lo deseo, quizás no es totalmente la culpa de los demás. Quizás hay algo en mí que les aleja y desanima para responder a mis necesidades. Tal vez, si logro reparar lo que no va bien en mí, los demás me amarán y la vida será bella." Vigorizados con esta esperanza, analizamos lo que en nosotros podría explicar por qué estamos tan a menudo decepcionados y maltratados.

- No soy bastante femenina
- Soy demasiado crédulo
- No debía haber sido tan irritable
- Debería ser más amable
- Me tomo las cosas demasiado a pecho. Cuando es el caso, los demás se burlan de mí. Debería manifestarles una amistad más superficial.
- Mi deseo de afecto me ha expuesto a abusos. No debería desear ser amado hasta tal punto.
- No colaboro mucho. Me esforzaré para hacer lo que los demás esperan de mí.

Las salvación por obras

¿Habéis visto cuán astuto es Satanás? Es verdad que algo en nosotros obstaculiza *efectivamente* nuestra relación con Dios y con los demás. Por cierto, *no tenemos nada* para atraer a los demás. Satanás nos recuerda estas verdades, luego nos encarrila hábilmente en una dirección equivocada. Nuestro egoísmo, que efectivamente nos hace poco atractivos, nunca se pone en entredicho. Y cuando es el caso, lo vemos como un vicio que debe ser corregido más que perdonado.

Todo esto no es nada menos que una maquinación diabólica para llevarnos a depender de una salvación por obras. Tenemos algo que hacer, y si lo cumplimos adecuadamente, tendremos la vida. Aprendemos entonces a odiarnos a nosotros mismos, lo que nos permite luego intentar desesperadamente corregir esta mala imagen. Una mediocre auto-estima resulta ser un instrumento muy útil para las personas orgullosas. Es más que la simple consecuencia de un tratamiento humillante perpetrado por los demás. Absorbe el choque de la decepción en nuestras relaciones humanas y lo transforma en energía para mejorarnos a nosotros mismos. Hace recaer la culpa del maltrato recibido sobre algo en nosotros que podemos corregir. Nos devuelve la esperanza haciéndonos creer que seremos tratados mejor en el futuro si trabajamos duro para mejorarnos.

Preferimos vernos como unos heridos en nuestras relaciones humanas antes que como pecadores delante de un Dios santo.

Muchos creyentes reconocieron con razón que una mediocre auto-estima engendra la terrible presión de hacer hazañas. Pero piensan equivocadamente, que esta imagen está enraizada en el odio hacia uno mismo. Enseñan que si podemos vencer el odio hacia nosotros mismos y aprender a descansar en el amor incondicional de Dios, veremos disminuir esta presión que nos empuja a dar la talla, y podremos llevar una vida feliz, fecunda y útil.

Este razonamiento presenta un grave defecto: no es el odio hacia uno mismo el que empuja al ser humano a desplegar todos sus esfuerzos para probar que puede tener éxito, sino su determinación a tratar las decepciones sin tener que dirigirse a Dios, sin tener que reconocer su maldad personal y sin tener que aceptar la misericordia divina con gratitud. Preferimos vernos como unos heridos en nuestras relaciones humanas antes que como pecadores delante de un Dios santo.

Un tremendo jugador de ajedrez

Satanás es un tremendo jugador de ajedrez, hábil para desbaratar a todos, menos a Dios. Se las arregla para que consideremos que las heridas que nos causan los demás son el resultado de deficiencias que hay en nosotros. Una vez desarrollada esta mala, pero útil imagen de nosotros mismos, nos esforzamos en corregirla.

Numerosos consejeros cristianos subrayan con razón que demasiadas personas están dominadas por una enorme presión de tener éxito. Afirman que el Evangelio nos libera de la necesidad de responder a las expectativas de los demás para poder establecer relaciones. Tienen razón, pero Satanás, otra vez, mueve sus piezas en una maniobra de distracción. Intensifica los sentimientos de odio hacia uno mismo, siempre asociados a la necesidad de probar su valor, pero se apresura luego a desviar la atención del lugar que estos sentimientos ocupan en el razonamiento torcido. En vez de permitir que podamos ver estas emociones como la consecuencia natural de nuestras dudas en cuanto a Dios, dudas que engendran nuestra necesidad y finalmente nuestro odio hacia los demás, nos anima a considerar que el odio hacia nosotros mismos es la raíz del problema. Nos definimos entonces como víctimas de un trasfondo malsano que nos ha ocasionado esta mala imagen de nosotros mismos.

La consejería demasiado a menudo permite identificar estos malos sentimientos, nos anima a enfrentarlos, a entender cómo llegaron a formarse y presenta el amor de Jesús como el medio más eficaz para superarlos. Pero de esta forma, se despojada a la cruz de su valor expiatorio y se la considerada más bien como el medio que permite encontrar valor a los que necesitan aprender a aceptarse a sí mismos. El Salvador sufriente no es más que el símbolo que nos ayuda a tomar conciencia de nuestro valor. Después de todo, ¿hubiera aceptado Jesús padecer todo aquello por personas indignas? Todo gira en torno al desarrollo del amor hacia uno mismo. Cuando el hombre se dirige a Dios, no es para encontrarlo, sino para utilizarlo. Dios permanece en la sombra, como un fiel mayordomo. Y el pecado se convierte, en el mejor de los casos, en un problema anexo. Satanás, el tremendo jugador de ajedrez, ha ganado la partida. ¡Jaque mate!

La lógica divina: me juzgo a mí mismo

Imaginad lo que pasaría si nos juzgáramos honestamente a nosotros mismos, si reconociéramos nuestras faltas contra el amor, si confiáramos en Dios como se lo merece y si contáramos con el perdón y el poder de transformación de Dios.

Supongamos que consideráramos nuestro odio hacia nosotros mismos no como un obstáculo penoso que superar, sino como una estrategia pérfida, elaborada para mantener intacta nuestra ilusión por una vida mejor gracias a unos esfuerzos consecuentes. Luego, una vez admitida la inútil presión creada por esta estrategia, supongamos que nos definiéramos no como las víctimas que se odian y necesitan ser valoradas, sino como unos desconfiados natos de Dios que exigen equivocadamente que los demás les ayuden. Si pudiéramos discernir nuestra deformación perversa y terca de la meta de Dios, consideraríamos la cruz como el lugar donde Dios, a través de su Hijo, cargó sobre él nuestros pecados y nos perdonó. Veríamos también que sigue perdonándonos cada día de nuestra vida, hasta el día en el que no habrá nada más que perdonar.

O bien vivimos bajo la presión de tener que mejorarnos,
o bien celebramos la gracia.

Imaginad que estáis explicando cómo ha sido vuestra dura infancia, marcada quizás por horribles abusos; admitís cuánto habéis padecido y cuánto habéis odiado a los que os han maltratado. ¿Qué pasaría si renunciarais a vuestra feroz determinación a protegeros? ¿Si desearais de todas vuestras fuerzas ser íntegros, hermosos y buenos, contando con Dios para que os conceda todo lo que vuestro corazón desea? ¿Os dais cuenta de que no tendríais que reprocharos más lo que hubo antes en vuestra vida? No tendríais que fabricaros una mala imagen de vosotros mismos. Al contrario, haríais frente a vuestro sufrimiento con el valor que inspira la confianza y la esperanza en Dios. Al saberos perdonados, podríais admitir vuestras carencias para amar. Pasaríais de la etapa "Me odio" a la "Me juzgo a mí mismo" y podríais seguir vuestro camino con la fuerza del perdón y de la esperanza. "En descanso y en reposo seréis salvos; en quietud y en confianza será vuestra fortaleza" (Isaías 30.15).

El creyente espiritual se juzga a sí mismo, no con un espíritu de odio a sí mismo, sino con el deseo ardiente de conformarse más a la imagen de Cristo. El hecho de examinarse a sí mismo para un crecimiento verdadero no tiene nada que ver con la búsqueda obsesiva y mórbida de motivaciones culpables; no es tampoco el resultado del deseo de defenderse o de probar su valor.

Después de mi mensaje en el acto conmemorativo para mi hermano, tuve remordimientos ante el orgullo egocéntrico que había observado durante esta pausa tan bien estudiada. Con semejante consciencia de mi pecado, hubiera podido o bien odiarme y airarme, o bien juzgarme, arrepentirme y depender de Dios. Si me hubiese condenado duramente, hubiera podido aliviarme luego comprometiéndome a no caer nunca más en este egocentrismo culpable, y hubiera conocido el estrés de tener que mejorar. Preferí admitir la fealdad de mi pecado y clamar: "¡Miserable de mí!" Recuerdo que me decía: "¡Mejor abandonar mis intentos de santificación!" Cuando confesaba mi estado de ánimo a mi Padre, me contestó: "¡Ya era hora!" Me invitaba de esta forma a renunciar a mi inclinación orgullosa de querer mejorarme a mí mismo.

Cuando somos conscientes de nuestros fracasos, se nos abren dos caminos: el odio o el juicio contra nosotros mismos. Si solo nos condenamos, caemos en la trampa del odio contra nosotros mismos y nos sometemos a la terrible presión de tener que hacerlo mejor en el futuro.

O bien vivimos bajo la presión de tener que mejorarnos, o bien celebramos la gracia. Cuando evaluaba el horror de mi egocentrismo en el sepelio de Bill, el hecho de saber que era aceptado por Cristo suscitó en mí un mayor deseo de parecerme a él, de ver crecer mi dependencia del Espíritu Santo, pero al mismo tiempo, debilitó mi exigencia interior de mejorarme. Ya no *necesitaba* más ser mejor; *deseaba* serlo.

Es más natural odiarse a uno mismo y sentirse luego obligado a ser mejor, que juzgarse a uno mismo de forma que conduzca a una celebración de la gracia. Y con esta terrible presión empujándonos, buscamos una manera de sobrevivir, de sentirnos vivos en un mundo que no tiene vida que ofrecernos.

CAPÍTULO 13

Cuarto nivel: quiero sobrevivir

No hay nada malo en desear resolver nuestros problemas, como tampoco hay nada malo en querer disfrutar del placer sexual o en apreciar una buena cena. El problema surge cuando un deseo legítimo se convierte en una meta última, cuando la supresión de las luchas internas, la transformación de circunstancias dolorosas o la búsqueda del bienestar llegan a ser nuestro objetivo prioritario. En cuanto los deseos se convierten en metas últimas, les damos la caza con un celo fanático que no solo desdibuja las fronteras de la moral, sino también nos roba nuestras energías para otras cosas. Nos olvidamos así de nuestro llamamiento supremo.

Nuestro llamamiento supremo

Un día tuve la ocasión de aconsejar a una mujer que luchaba con pensamientos obsesivos. Tenía pocos momentos de calma sin que estuviera asaltada por aluviones de pensamientos extraños e incontrolables, muchos de naturaleza sexual y, en ocasiones, extremadamente viciosos. Es comprensible que deseara ser librada para poder pensar normalmente. Quería resolver su problema con los pensamientos obsesivos.

Desde su aparición, tres años antes, lo había intentado casi todo para encontrar alivio. Un terapeuta había expulsado demonios, un psiquiatra le había recetado medicamentos, un especialista en consejería había intentado saber si sus motivaciones actuales no eran el resultado de un trauma en su infancia, otro había empleado las técnicas del control de pensamientos.

Si hubiese tenido el mismo problema que esta mujer, yo también lo habría intentado todo para encontrar alivio, del mismo modo que me apresuro a ir al dentista cuando estoy rabiando de las muelas. No me malinterpretéis, por favor, *no está mal empeñarse en superar los problemas*. No está mal tomar medicamentos que podrían aliviar unos síntomas obsesivos o depresivos, como no está mal acudir al dentista para tratar las caries.

Sin embargo, *está* mal focalizar hasta tal punto nuestra atención y nuestros esfuerzos en la resolución de nuestros problemas que lleguemos a perder de vista nuestra vocación suprema, la de descubrir a Dios a través de nuestras dificultades. *Está* mal buscar soluciones a nuestros problemas con todo nuestro corazón, con toda nuestra alma, con todas nuestras fuerzas y con toda nuestra mente, olvidando en el intento que las pruebas que se alargan nos proporcionan ocasiones únicas para desarrollar nuestra confianza en la bondad de Dios. Nos equivocamos si nos apoyamos en los medicamentos que nos impiden conocer mejor a Dios.

Tengo personalmente problemas de insomnio. De cuando en cuando me tomo una pastilla que me ayuda a dormir. No rechazaría, por cierto, los consejos de un especialista de los trastornos del sueño. No veo para nada que sea anti-cristiano beneficiarse del saber de un especialista para poder gozar luego de una buena noche de descanso.

Pero me lo pienso. A menudo, los momentos más intensos y productivos son los que tengo con el Señor sobre las dos de la madrugada, después de haber dado vueltas y más vueltas en la cama durante tres frustrantes horas. No sé cómo resolver mi problema de insomnio, pero estoy seguro de que el deseo de encontrar a Cristo debe ser mayor que mi deseo de dormir.

Amo de mi suerte

La obstinada determinación de superar nuestras dificultades parte de otro error: evidencia en general la confianza que tenemos en nuestra capacidad para resolver nuestros problemas. Pensamos tener los medios para cuidar de nosotros. Es quizás por esta razón que Dios debe primero humillarnos para animarnos a venir a él. Con la mandíbula tensa y los puños cerrados y levantados contra Dios, nos erguimos en alto declarando con el poeta William Ernest Henley: "Soy el amo de mi destino; soy el capitán de mi vida". Envalentonados con la energía de este sentimiento que corre por nuestras venas, entramos en la vida, decididos a sobrevivir.

Este sentimiento no se encuentra solo en ricos ateos o atletas de éxito. Aún cuando no lo expresamos de una forma tan dramática como el orgulloso poeta, *nuestra* actitud está teñida con una arrogancia similar. Nos afanamos al máximo para concebir un plan eficaz para sacarnos de apuros cuando surgen las dificultades.

Cuando buscamos más la satisfacción prometida por Dios que a Dios mismo, no obtenemos ni lo uno ni lo otro.

Me han invitado a menudo a responder en directo a oyentes en la radio. Las llamadas constan generalmente de dos partes: el o la oyente describe primero una situación difícil ("Mi marido no quiere asumir la dirección espiritual de nuestro hogar" o "Estoy en el paro"), luego pregunta: "¿Qué debería hacer?" La mujer en cuestión supone que siempre es posible mejorar la situación. Si le dijera: "Haga lo que haga, esto no tendrá ningún valor mientras le importe más corregir lo que no anda bien en su vida que conocer al Señor como prioridad". Al oír esto, muchos oyentes contestan indignados que aman realmente al Señor y que este no es el problema. Lo que quieren es simplemente saber qué sería conveniente hacer para mejorar su situación particular.

Si insistiera aún más preguntándoles lo que les gustaría que se produjera, estoy casi seguro de que me contestarían: "Quiero ver el mal transformándose en bien, por ejemplo ver que el marido se convierte en un creyente comprometido, o bien encontrar un buen trabajo. O bien, si las circunstancias no mejoran, que por lo menos tengan paz y gozo en las pruebas que se prolongan. Yo soy como ellos. No buscamos conocer mejor a Dios; no nos preocupa esta cuestión. Pero sí queremos usarle a él para conseguir lo que deseamos.

Por cierto, el conocimiento de Dios trae ya grandes bendiciones, por ejemplo momentos imprevistos de gozo y paz. Luego vendrá el día en el que los que le habrán conocido gozarán de una vida indescriptible en una ciudad donde el crimen habrá desaparecido, y en cuyos jardines no crecerán más las malas hierbas. Entonces, la paz será completa y el gozo eterno. En el presente, debemos apreciar las bendiciones de Dios cuando nos son concedidas y perseverar cuando no podemos disfrutarlas. Debemos tener el coraje de seguir adelante en la ausencia de toda sensación agradable; debemos calificar a Dios de "bueno" y permanecerle fiel aún cuando no sentimos su presencia en absoluto. Vivir así se parecerá a caminar en un lodazal pero; sin embargo, deberemos continuar buscándolo.

Cuando buscamos más la satisfacción prometida por Dios que a Dios mismo, no obtenemos ni lo uno ni lo otro. Los placeres más altos están reservados a los que anhelan ante todo una relación estrecha con el que aman y que se relacionan con esta persona por el profundo gozo que procura su intimidad. Conocer al cocinero puede procurar un mayor placer que probar el plato que ha preparado. En el cielo tendremos ambas cosas.

No obstante, no es fácil entender esto. Animar a los demás a conocer mejor a Dios suena a una idea religiosa abstracta, particularmente cuando una bendición podría hacer que nuestra vida fuera muchísimo más agradable. Imaginad cuán felices estaríamos si Dios nos diera:

- una biopsia negativa
- una buena noche de descanso
- un marido sobrio
- un día en el que nos sentimos bien
- menos ansiedad
- un espíritu sereno
- una mejor relación con un hijo problemático
- la salvación de un ser querido
- esperanza en vez de pensamientos suicidas
- menos atracción hacia un hábito perverso

Las recomendaciones a confiar en Dios pueden parecer insípidas. ¿Cómo reaccionaríais ante un consejero que os dijera: "Estate quieto ante él. Haz únicamente lo correcto. No provoques a tu cónyuge, no bebas alcohol para olvidar tus preocupaciones económicas, no te rompas la cabeza para encontrar soluciones. Haz todo lo que es correcto con tranquilidad y serenidad"?

Las personas heridas necesitan una ayuda práctica. Quieren sugerencias precisas sobre lo que podrían hacer para cambiar sus circunstancias o lo que les ayudaría a sentirse mejor. Pero observaréis lo siguiente: la idea de que siempre es posible hacer algo para mejorar una situación dada refleja un pensamiento más profundo y más sutil, a saber: que *somos capaces de hacerlo*. Pensamos que podemos hacer que nuestra vida sea más satisfactoria, más gratificante.

Pero, no podemos. Apoyándonos sobre nuestros talentos o nuestra riqueza y, aprovechando bien las oportunidades, podemos efectivamente hacer que nuestra vida sea más confortable y momentáneamente más agradable. Pero la riqueza que alimenta el alma solo nos viene de Dios. Como creyentes, tenemos la capacidad de obedecer a Dios, pero no podemos producir la vida. Solo Dios puede. Es la razón por la que debemos concentrar todos nuestros esfuerzos en nuestra obediencia hacia Dios, y confiar que Dios proveerá para nuestra satisfacción. Es quizás una idea anticuada, pero vale la pena agarrarnos a ella porque nuestras dificultades, como el aguijón en la carne de Pablo, no desaparecerán. No está previsto que lo hagan.

Llamar bienaventurado al presuntuoso

La pretensión de poseer los medios para poder resolver nuestros problemas tiene una historia larga y triste. Al final del período del Antiguo Testamento, cuando la evidente imposibilidad de los judíos para convertirse en una nación poderosa y próspera habría tenido que conducirles a la humildad, se vanagloriaban de la manera siguiente: "Por demás es servir a Dios. ¿Qué aprovecha que guardemos su ley, y que andemos afligidos en presencia de Jehová de los ejércitos?" (Mal 3.14). Volvemos a encontrar aquí el fundamento del razonamiento torcido: la duda en cuanto a la bondad de Dios acompañada de la ira contra él.

Pero, escuchad ahora la frase que sigue: "Decimos, pues, ahora: Bienaventurados son los soberbios" (3.15). ¿Captáis el alcance de estas palabras estúpidas? Los judíos decían en otras palabras: "Para qué hacer lo que Dios nos pide. Nada de lo que hacemos parece obligarle a darnos el tipo de vida que responda a nuestros deseos. Por consiguiente, incluso si nos airamos y andamos a tientas en cuanto a lo que debemos hacer con nosotros mismos y con los demás, con todo, es mejor que nos apoyemos en nuestros propios recursos para hacer que nuestra vida sea lo más agradable posible en este mundo loco. Nuestra felicidad depende de nosotros mismos y del modo en que nos apañamos en nuestra vida. Benditos sean los orgullosos; felices son los que confían en ellos mismos. Si Dios quiere darnos consejos, con mucho gusto los tomaremos en consideración y los seguiremos, pero a condición, por supuesto, de que nos prometa que cambiará las cosas según nuestros deseos."

Dios reaccionó de forma severa y contundente contra su manera de interpretar las cosas. Reprochó a estos judíos el hablarle duramente y les amenazó con terribles castigos si no cambiaban de actitud. Siglos antes, Dios había declarado a una generación de israelitas también presuntuosos: "Ninguno de los que me han irritado verá la tierra (*prometida*) de la cual juré a sus padres" (Núm 14.23). ¿Qué quería decir?

Despreciamos a las personas en las que no confiamos. Cuando un vendedor de coches de segunda mano indica su precio más bajo, la mayor parte de los potenciales compradores sonríen, le dan un par de vueltas al coche y proponen su precio, generalmente mucho inferior al del comerciante. Este regateo muestra que el comprador no cree en el vendedor. Igualmente, no creemos lo que dice Dios y lo consideramos como un obstáculo que tenemos que rodear para conseguir lo que en nuestra opinión nos beneficia. El hecho de depender de nuestras capacidades para conseguir lo que queremos proviene de un espíritu de menosprecio, y dicho espíritu nos impedirá siempre encontrar a Dios.

Josefina y Mario

Hace poco tuve unas sesiones de consejería con una pareja que llevaba algo más de 10 años de casados. Josefina era una mujer inteligente, con una mente clara y que iba directa al meollo de las cuestiones, las que fueran. Mario, su marido, vendedor de seguros, tenía facilidad de palabra y, también, se manejaba de maravilla con los números, pero no llegaba a la talla intelectual de su mujer.

Desde el principio, se dio rápidamente cuenta de que su vivacidad de espíritu era una amenaza para su marido. Acertada o desacertadamente, había escogido guardar para sí misma sus pensamientos agudos. Mario tomó el papel de compañero agradable, cuyas conversaciones con Josefina no iban más allá de los asuntos de la vida diaria.

Después de siete años de casados, Josefina empezó a tener problemas de ansiedad y de depresión. Mientras luchaba por buscar las causas de sus cambios de humor, recordó algunas experiencias de abuso sexual en su infancia. Le pidió a Mario que le acompañara a la sesión de consejería.

Me di cuenta pronto de que Mario, enfrentado al dolor real de Josefina, solo contaba con su amabilidad para ayudar a su mujer. Cuando buscaba su apoyo, a veces en lágrimas, a veces irritada, se contentaba con una sonrisa diciéndole: "Cariño, te has dejado atrapar por estas cosas. Sé que es difícil. Pero recuerda que te amo".

Un día, después de un comentario meloso de Mario, que provocó una mueca en la cara de Josefina, me atreví a decirle a Mario que parecía sentirse incómodo ante las emociones violentas de su mujer. En su mirada noté en seguida una fugaz expresión de miedo mezclado con ira. Se sobrepuso en seguida, volvió a su habitual sonrisa y me dijo: "No, no creo. Solo quisiera que, en medio de sus problemas, Josefina sepa y sienta que la amo."

"Pero, ¿no se sentía furioso contra mí hace un instante, cuando dije que parecía sentirse incómodo cuando Josefina está afligida o irascible?"

"Estoy algo turbado, por supuesto. No me gusta ver a mi mujer sufriendo así. Pero ciertamente, no estaba irritado contra usted."

"Creo que usted *está* airado", le dije. "Y creo que está airado porque se apoya en las únicas armas que siempre le han servido eficazmente, es decir, su habilidad con las palabras, para tratar este tipo de situación con su mujer. Ahora bien, su dolor requiere algo más que palabras de cariño. Y no está seguro de estar a la altura."

Continué diciéndole: "Ante su mujer, ha estado usted durante años bajo un temor considerable, en parte porque es inteligente y profunda. Me pregunto si los daños causados en su vida por los abusos sexuales que padeció en su infancia no son menos graves que los daños que le causan su rechazo a comportarse con ella como un hombre de verdad."

Se movió en su silla, me miró unos diez segundos, luego bajó la mirada sin decir nada.

"Estoy convencido de que ahora se siente tanto desesperado como furioso. Su herramienta predilecta, que siempre le ha servido para relacionarse con los demás, incluyendo su mujer, no le funciona, y lo sabe. Y no está seguro de si hay en usted otro recurso con el que podría contar para atender a Josefina con mayor eficacia."

Levantó lentamente sus ojos hasta que nuestras miradas se cruzaron. Tenía una mirada glacial. "Amo a mi mujer. La quiero mucho, y seguiré amándola como en el pasado."

Con una rabia que solo el terror puede producir, Mario, acababa de ponerse rígido en su compostura coincidiendo con el cuarto nivel: "Sobreviviré. Y apelaré a todos los recursos al alcance de mi mano para lograrlo."

Bienaventurados los presuntuosos.

Cuatro siglos de silencio

Después de haber reprochado a los judíos del tiempo de Malaquías la dureza de sus palabras contra él, el Señor permaneció en silencio por cuatrocientos años. Un silencio tan prolongado nos obliga a tomar con mucha atención las primeras palabras que lo romperían. Cuando Dios se hizo hombre, cuatro siglos más tarde, sus primeras palabras *oficiales* dirigidas a las multitudes fueron: "Bienaventurados los pobres en espíritu" (Mat 5.3). La última vez que les había hablado, había reconvenido a los judíos por haber creído que la bendición recaería sobre los arrogantes, los que piensan que pueden manejar su vida por ellos mismos. Cuando Dios vino a esta tierra para traer la vida, comenzó por enseñar que la felicidad está reservada a los que reconocen que no tienen ningún medio para cuidar de ellos mismos.

El razonamiento torcido asegura: "Dispongo de lo que es preciso para salir adelante.

El razonamiento torcido asegura: "Dispongo de lo que es preciso para salir adelante. Puede tratarse de mi facilidad de palabras, de mi espíritu agudo o de mi fuerte personalidad. Tal vez de mi huida en la depresión o la capacidad de olvidarme de algunos recuerdos. Tal vez de mi indiferencia o ira, de mi facilidad para ganar dinero. Desbordo de energías y soy una persona muy creativa. Siempre encontraré una manera de preservar mi vida. Y lo que haga me va a funcionar. "¡Sobreviviré!"

Bienaventurados los presuntuosos.

La lógica divina: obedeceré

La lógica divina produce una actitud muy diferente: "Todo lo que poseo es totalmente insuficiente para que funcione de verdad mi vida. Necesito además otra cosa para mantener buenas relaciones con otros, incluida una mujer afligida. Sin Dios, mis recursos no llegarán a nada en absoluto. Si habláramos de recursos para comprar vida, me encuentro en total bancarrota.

"Pero sé que Dios es bueno. Sé que proveerá todo lo que necesito para atravesar cualquier situación de una forma que me comunique el sabor de la vida y, mejor aún, que permitirá a los demás ver cuán bueno es el Señor. Seguirán los problemas, pero a través de ellos podré conocer mejor a Dios y reflejarlo a los demás, pase lo que pase. El tomar conciencia de mi pobreza me da la libertad de ir en busca de lo que sus recursos me permitirán adquirir.

"Bienaventurado los pobres en espíritu. *Obedeceré.*"

Mientras redacto este capítulo, estoy luchando con un asunto difícil. El ministerio que Dios me encomendó consiste en presentar una serie de retos que yo mismo no domino en absoluto. En efecto, mi motivación fluctúa en ocasiones, mi sueño se ve a menudo interrumpido por la ansiedad y el sentido de mi vocación parece menos claro que antes.

En medio de esta lucha, tengo la tendencia natural a recordar las aptitudes que Dios me ha otorgado y de esta forma a levantarme de nuevo para seguir adelante, blandiendo en alto el estandarte de la perseverancia del mayordomo cristiano. Cuando suben de tono las batallas emocionales, me echo la bronca reprochándome mi carácter débil incapaz de resistir al fuego de la prueba. Y vuelta a empezar.

Sin embargo, al meditar sobre el razonamiento torcido, entiendo siempre mejor hasta qué punto día tras días, con obstinación y miedo, descanso sobre mis talentos para triunfar. Durante años, se me ha dicho que tenía grandes capacidades intelectuales. Tal vez, mi habilidad para moverme en el terreno del pensamiento abstracto ha llegado a ser un dios para mí.

Hace ya algunos años, al caer sobre el hormigón, mi cabeza

dio con el suelo y sufrí una conmoción cerebral. Pasé la primera media hora en urgencias, delirando. Gritaba una y otra vez: "¡Ahora, nunca seré capaz de volver a pensar correctamente!" ¿Estaría, en esta ocasión, llorando la muerte de mi dios?

Frente a los desafíos encontrados en el ejercicio de mi ministerio admito, no sin resistencia, que quizás mis recursos no son suficientes para hacer avanzar las cosas hacia unos resultados favorables. Esta confesión me da la libertad de colocar mis aptitudes ante Dios para que las use como él quiera. Mi mente sigue en acción, y espero que funcione bien. Pero la presión que experimento disminuye a medida que aprendo a no exigir otra cosa más de mí sino que se cumpla el proyecto de Dios en mi vida.

El razonamiento torcido es sacudido y se tambalea. ¡Gloria a Dios! Siento que no necesito tanto sobrevivir por mis propios medios.

Descubrir cómo sobrevivir por mis propios medios es el quinto nivel de nuestro razonamiento caído.

CAPÍTULO 14

Quinto nivel: he aquí como sobreviviré

La determinación a sobrevivir le exige al hombre que averigüe cómo lo puede hacer. Hemos sido creados en primer lugar para vivir en relación los unos con los otros. Por lo tanto, la primera idea que viene a la mente de los seres caídos es la de concebir una estrategia que les permita estrechar relaciones con otros, de tal forma que puedan conseguir todo lo que deseen y, al mismo tiempo, ser preservados del poder de destrucción de los demás.

Nada más revelador de lo que somos y de nuestra filosofía de la vida que la manera en la que estrechamos lazos con los demás. La mayoría de nosotros se relaciona con sus semejantes con un plan bastante coherente que disimula sus debilidades y hace hincapié en sus puntos fuertes. Podemos llamar a este plan el *estilo de relación*.

Cuando habéis frecuentado a alguien durante bastante tiempo, podéis apreciar que vuestra relación con él sigue uno de dos patrones posibles. Algunas personas están con vosotros en una misma onda de intensa afección. Notáis que toman a pecho todo lo que les decís y que ponen a vuestra disposición todos sus recursos: sabiduría, humor y habilidades concretas. Les encanta dar y todas sus energías van dirigidas hacia vosotros.

Desafortunadamente, con la mayoría de la gente ocurre algo muy distinto. Su amistad entusiasta, su sentido práctico o su profundidad espiritual sirven a sus propios planes y aspiraciones y no a los vuestros. Cuando os despedís de ellos os sentís cansados, tal vez irritables y poco motivados para hacer algo importante en su favor.

Una lluvia de piropos

Recuerdo a una mujer que vino a mi consulta justo cuando su marido le pedía el divorcio. Desde el primer momento de nuestra primera sesión, Julia me hizo saber lo privilegiada que se sentía al poder beneficiarse de mis servicios. Por la lista de elogios que me hacía en cada sesión, daba la sensación de que nunca había tenido tanto éxito con un cliente.

Durante una de las sesiones, cuando le dije que sus comentarios elogiosos iban destinados más a conseguir mi aprecio que a animarme, sonrió suavemente como una chiquilla cogida haciendo algo indebido y me dijo, sin perder la compostura: "¡Usted es muy inteligente!"

Desde entonces, sigue enviándome ocasionalmente una tarjeta en la que no falta nunca un elogio exagerado por lo poco que he hecho en su favor.

Algunas expresiones de aprecio salen de un corazón sincero; es preciso recibirlas con gratitud. Otras no, y no debemos fiarnos de ellas. La diferencia radica en la motivación que las origina. Cada estilo de relación y cada intercambio verbal hacen intervenir una energía que refleja o bien nuestra corrupción, o bien nuestra redención[4]. Las dudas en cuanto a Dios inspiran nuestra determinación para sobrevivir apoyándonos sobre nosotros mismos y contaminan con egocentrismo nuestras relaciones interpersonales. Al hablar, buscamos tal vez más nuestro propio bien que el de los demás.

La tímida y suave Cristina

En el programa de consejería que dirijo, reúno durante un semestre a un grupo de diez estudiantes para un encuentro semanal de dos horas en el cual meditamos sobre nuestro estilo de relación. Cuando la manera de relacionarse de un consejero viene inspirada por la lógica caída, la ayuda que esta persona puede prestar queda seriamente afectada.

En el transcurso de uno de estos encuentros, Cristina, una mujer joven, grande, rubia y guapa, no decía nada. En nuestro décimo encuentro, otra joven del grupo, Eva, pequeña y morena, le preguntó a Cristina por qué no participaba más activamente en los intercambios del grupo. "Pues, la verdad no tengo mucho que decir", contestó Cristina con una sonrisa forzada. "Además, me gusta escucharos a cada uno de vosotros. Pero, con mucho gusto, podría contestar a cualquier pregunta que quisierais hacerme."

Me dirigí en seguida hacia Eva preguntándole cómo se sentía ante este comentario de Cristina.

"Rechazada. Despachada. Me da la impresión de que no tiene realmente ganas de hablarme. Es como si quisiera mantenernos a todos a una distancia prudencial respecto a ella".

---

[4] En cada caso es, por supuesto, una mezcla de las dos estructuras. Ningún cristiano se apoya únicamente en un fundamento totalmente perverso, ni siquiera Lot en Sodoma, cuyo corazón atormentado era una prueba de que Dios obraba en él. Tampoco un cristiano puede vivir según una energía perfectamente pura mientras no haya visto a Cristo cara a cara y no haya sido plenamente convencido de su bondad.

Luego me dirigí a Cristina. "¿Te parece acertada la reacción de Eva? En todo caso, yo también comparto su impresión. Su sonrisa y la manera de expresarse me comunican que no tiene en absoluto la intención de dejarse conocer. Me pregunto si no se ve como alguien que procura guardar el control a toda costa."

Algunas semanas más tarde, Cristina confesó al grupo: "Nunca me he abierto a nadie. Estoy siempre sobre aviso. Es una necesidad para mí. Mi padre abandonó el hogar cuando era todavía pequeña, y soy el orgullo de mi madre. Siempre me vestía con ropa demasiado cursi. Me sentía como una modelo encargada de lucir los últimos modelitos de mamá."

"Recuerdo el día cuando tomé la decisión de no permitir nunca a nadie conocerme de verdad, y de emplear una combinación de suave timidez para mantener a distancia a los demás, como lo hacía cuando mi madre me exhibía delante de sus amigas. No se pueden imaginar cuánto odio ser tan dulzona. Pero me angustia la idea de ser de otra forma. No me he sentido nunca digna de ser conocida."

Delante de este grupo, Cristina acabó por reconocer su orgullo, su ira contra Dios y los demás, y su terror de encontrarse sola para enfrentarse a la vida.

La lógica adecuada: he aquí cómo quiero vivir

¿Qué tipo de relación habría mantenido Cristina con los demás si hubiese vivido según una lógica adecuada? Supongamos que creyera que Dios es bueno, pese a tener un padre que la abandonó y una madre posesiva. Supongamos que haya entendido que Su bondad ha sido revelada plenamente en la cruz, donde el Señor resolvió su mayor problema. Supongamos que se dirige a la gente con la intención de aportarles algo de manera desinteresada, sabiendo que gracias a la obra de

Dios en ella tiene ahora algo que ofrecer. Supongamos que siempre anhela ver a los que están a su alrededor realizarse y ser felices, pese a ser ellos los causantes de sus sufrimientos, y que condena su propia falta de amor hacia ellos, desde la perspectiva de la humilde, pero gozosa, gracia de quien ya ha sido perdonado. Y finalmente, supongamos que emprende su camino en la vida dispuesta a obedecer antes que a sobrevivir.

Siguiendo la lógica adecuada, el hombre empieza confiando y amando a Dios, y acaba por ser libre para amar a sus semejantes con toda la belleza y la plenitud de su identidad única.

Entre otras cosas, decidiría probablemente abrirse más en el seno de un grupo y no ir de dulzona. Sería sensible a su influencia sobre los demás, no por afán de protección o para que los demás estuvieran contentos con ella, sino por el sincero deseo de animarlos. Argumentaría probablemente más e intervendría cada vez que encontrara algo falso. Quedaría cierta dulzura, ahora auténtica. Los demás lo reconocerían y se beneficiarían de ello. Su estilo de relación habría cambiado.

Nada cuenta más que la manera en la que nos relacionamos con Dios y con los demás. Siguiendo la lógica caída, el hombre empieza por dudar de Dios, luego lo odia, finalmente, explota a sus semejantes, se protege de ellos y acaba por llevar una vida agotadora en la esclavitud, secuestrando el bien que Dios colocó en él y sepultándolo bajo todo tipo de esfuerzos egocéntricos destinados a evitar el sufrimiento. Siguiendo la lógica adecuada, el hombre empieza confiando y amando a Dios, y acaba por ser libre para amar a sus semejantes con toda la belleza y la plenitud de su identidad única.

La dos lógicas que hemos estudiado, la lógica perversa y la lógica adecuada están representadas de manera esquemática en las páginas siguientes.

Surge entonces la gran pregunta: ¿Cómo pasar de la lógica caída a la lógica adecuada? Si queremos encontrar a Dios, debemos buscarlo de todo corazón. Esto es imposible cuando impera la lógica caída. Primero es preciso desmantelarla. Un

La estructura caída

LAS DIFICULTADES DE LA VIDA

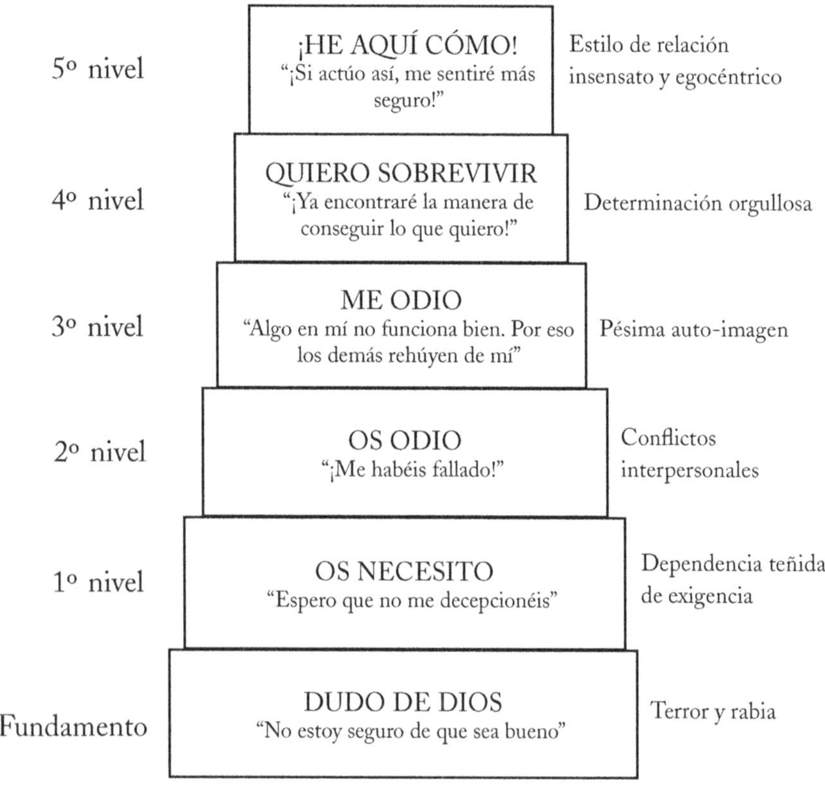

elemento en nosotros debe ser *contrarrestado* y otro elemento, exterior a nosotros, debe motivarnos a caminar en la senda que lleva a Dios. Este trabajo de desmantelamiento y de motivación es obra del Espíritu Santo. Nuestro papel se limita a invitarle a desempeñar el *suyo*.

La lógica adecuada

UNA VIDA FECUNDA

TERCERA PARTE

EL CAMINO HACIA DIOS

CAPÍTULO 15

Las tinieblas antes de la luz

Me gustaría, de entrada, dar el tono a estos últimos capítulos, mencionando las ideas claves de unas reflexiones recientes que saco de un diario en el que escribo de vez en cuando. El tono puede parecer negativo, demasiado pesimista y aciago. Pero el llanto precede la risa, los dolores de parto preceden al milagro de una vida nueva y, antes de que la confianza se desarrolle, es necesario hacerse una serie de preguntas. Es en el terreno del desencanto donde se produce la esperanza. El Espíritu de Dios debe primero desmantelar algo malo en nosotros antes de hacernos emprender el proceso que lleva al gozo. Escribí estas reflexiones en mi diario en el verano de 1992, durante un vuelo de tres horas. Al llegar al aeropuerto, sentí cómo me invadía una tristeza que suprimía todo gozo y toda esperanza en mí. El fruto del Espíritu parecía haber desaparecido totalmente.

Quiero compartir los detalles de este momento difícil porque creo que semejante experiencia no es inusual. Muchas personas honradas, manchadas por el pecado y torturadas por una esperanza que les parece inalcanzable, atraviesan valles oscuros. Ofrezco estas reflexiones esperando que fortalezcan la fe de algunos y les ayuden a superar sus pruebas. El camino que lleva a Dios nos guía para atravesar la oscuridad antes de conducirnos a la luz.

Diario del 1 de julio de 1992

A veces mi alma está como muerta. Otras veces sufre horriblemente. En este preciso momento, siento que soy el blanco de ambas cosas.

Odio estos momentos. Desearía ser un hombre sencillo y feliz.. Conozco a personas que parecen mucho más felices que yo. ¿Por qué tengo que atravesar estos periodos de desesperación? Cuando llegan, me cuesta mucho encontrar en mí o en los demás algo que me procure un poco de alegría. Toco el fondo de la desesperanza; ¡vaya publicidad para el cristianismo! Me pregunto si los que leen mis libros se puede imaginar hasta qué punto puedo sentirme deprimido.

Estas horas de angustia me llenan de terror. Es lo que siento ahora mismo. ¿Tendré todavía suficiente energía para seguir adelante, seguir con mi trabajo, amar a mi familia, enfrentar la vida? O bien ¿me habré extraviado en las galerías oscuras que se cruzan, de un laberinto glacial en pendiente, de donde nunca saldré?

Toco el fondo de la desesperanza; ¡vaya publicidad
para el cristianismo!

Me preocupo, pero no con este frenesí productivo que mueve a la acción. Mi inquietud se parece más a la desesperación, a una caída en picado en un agujero negro, caída en la que me pregunto si el impacto siguiente será el último, el que me matará, o todavía habrá otros choques contra la pared, previos al momento en que me estrellaré en el fondo.

¿Qué puedo hacer? Odio sentirme así. Cuando me encuentro en este estado de ánimo no soy de utilidad para nadie. ¿Dónde está Dios? ¿Qué está haciendo? Quiero dar pasos, enfrentarme con vigor e iniciativa a la situación. Pero un profundo e irritante cansancio, una indiferencia sin esperanza me ha despojado de toda energía. No puedo correr, ni puedo caminar, ni estar de pie. Tan solo consigo arrastrar los pies siguiendo el camino de la menor resistencia y, más que quejarme, estoy de morros.

Sin embargo, si sigo arrastrándome así, dejándome llevar por la corriente, temo perder la cabeza. Aspiro a convertirme en un hombre maduro, estable, lleno de amor, un marido capaz de infundir fuerza a su mujer y serle una fuente de gozo. No debo dejarme llevar por la corriente sino decidir yo el rumbo.

Pero aquí estriba el problema. Para reaccionar, necesito una energía en mí que pueda controlar. Y esto supone que existo de verdad como un ser distinto, como alguien capaz de escoger libremente un rumbo y que se compromete a seguirlo.

Reaccionar supone algo más: una razón para encaminarme en una dirección y no en otra, un Creador bondadoso detrás de todo este desbarajuste, que tiene un plan excelente que podría perderme si no le hago caso.

Para dar pasos, necesito ante todo creer dos cosas: por una parte que existo, a pesar de mi dolor, como persona libre, capaz de moverse y, por otra parte, que existe de verdad un Ser infinitamente bueno que me invita a dirigirme hacia un gozo que él me proporciona.

Si creo que Dios es bueno y que soy libre, podré atravesar todas las vicisitudes de la vida conservando la esperanza de que todas estas cosas tienen sentido. La bondad sobrepasa la maldad. Hay razones para la alegría.

¡Alguien está ahí! La realidad última es una persona. Lo sé.

No obstante, si solo creo en una de estas cosas o en ninguna, la vida no es más que una tragedia sin esperanza, una farsa cruel; me atrae hacia algo que no me puede dar. Llega a ser una broma de mal gusto, se burla de mí, me hace muecas de desdén y de odio ante todos mis esfuerzos para intentar sobreponerme a su carácter absurdo o para huir de él. Me encuentro abandonado a mí mismo, con un dolor que no para y es insoportable.

Mientras escribo esto, noto dos cosas que me llaman poderosamente la atención y que son señales de esperanza. Cuando hablo de incredulidad, hago alusión a una realidad última más que una "cosa". Acabo de hablar de esta cosa que se burla de mí. Pero las cosas no tienen la capacidad de burlarse. Solo las personas pueden. La materia no se burla de nadie. La materia sencillamente es. Únicamente las personas pueden mofarse de otras personas, o amarlas. Burlarse de una roca cuya forma es extraña o de un perro con un morro de atontado es muy diferente que burlarse de un amigo. Creo que Dios existe. Y creo que yo existo.

No puedo dejar de pensar que existe, fuera de mí, una energía personal tan grande que me rodea por todas partes. Puedo concebir esta realidad personal como buena o mala, pero no puedo imaginar su ausencia, su no existencia.

¡Alguien está ahí! La realidad última es una persona. Lo sé. No podría ser de otra forma. Las aspiraciones no satisfechas dentro de mí, por no hablar de la admirable complejidad de un insecto, no se pueden explicar de otro modo. La gran pregunta que surge luego es: ¿Esta Persona última es buena o mala?

Esta pregunta me lleva a mi segunda observación. No solo concibo esta Persona como trascendiendo la materia, sino que la imagino viniendo a mi encuentro con sentimientos favorables mientras va acercándose a mí.

Me doy cuenta de que no puedo ignorar un hecho fundamental: la realidad se define como la interacción de dos personas, primero una Persona infinita, sea buena o mala, segundo yo y una comunidad de gente como yo; individuos libres para moverse, acercándose o alejándose de la Persona infinita, según lo que creen sobre ella.

Y ¿qué es lo que creo yo sobre ella? Sé que yo existo y que él existe. Pero, ¿es bueno, y por consiguiente, digno de confianza y fundamento legítimo de esperanza? O ¿es malo? y en este caso me encuentro solo, abandonado a mí mismo para encontrar la felicidad en un mundo que no la puede dar, excepto si acepto contentarme con menos de lo que deseo de verdad.

Cuando reflexiono a este nivel, descubro en mi una convicción inquebrantable: esta Persona Última es el Dios de la Biblia, el Dios revelado en Jesucristo, un Ser perfectamente bueno, siempre moral (o santo), indefectiblemente poderoso, increíblemente amoroso y determinado a manifestar sus virtudes más elevadas al hacerme probar el colmo de la felicidad.

Cuando me pregunto por qué creo que Dios es bueno, por qué el Ser supremo no es malo, mi atención se dirige enseguida hacia mi sed de belleza: la belleza del amor, la belleza del orden, la belleza del gozo. Sé que el deseo de belleza está en mí, y no puedo deshacerme de él. Sé también que es un deseo bueno, un deseo que no puedo negar ni eliminar nunca. Si la belleza no tiene fuente, no veo cómo podría explicar el deseo que me lleva hacia ella.

Me encuentro entonces sobre un fundamento que es de lo más seguro debajo de mis pies. Hay un Dios, y es bueno. Y tengo vida como persona capaz de confiar en él o de darle la espalda.

Entonces, puedo ahora contemplar la realidad final de un encuentro relacional entre Dios y yo por lo que es verdaderamente. La pregunta ya no es: "¿Qué haré con Dios?", sino: "¿Que hará Dios conmigo, si rehúso confiar en su bondad?"

En el momento en que planteo esta pregunta con toda la urgencia que merece, ocurre algo. Porque en este preciso momento vislumbro fugazmente algo de la extraordinaria gloria de Dios. ¿Qué hizo por mí? ¡Me acepta! ¡Me ama! Esta visión fugaz me da un gusto anticipado de su Persona, y sé que es bueno más allá de todo lo que se pueda imaginar.

Ve mi rebelión, mi negativa a confiar en él, mi determinación para edificar mi ciudad en este mundo. Observa también con qué facilidad mi débil deseo de hacer el bien es vencido por mis fuertes pulsiones para hacer el mal. Y sin embargo, ¡sigue amándome! ¡Siente compasión por mí! ¡Quiere considerarme como su amigo!

Al ir meditando sobre la relación que existe entre Dios y yo, relación que él ha hecho posible, siento venir un rayo de esperanza. Veo la luz. La cueva sigue oscura, pero he dejado mi caída en picado. Con un poder que no es mío, siento que mi ser se eleva y se extrae de su profundidad. Y ya me veo caminando en un prado verde sembrado de flores silvestres hacia corrientes de aguas claras, y ahora me tumbo en la hierba de la orilla.

Brilla el sol, calentando mi cuerpo, mientras una dulce brisa evita un excesivo y molesto calor. Y gozo intensamente de sentirme vivo. Tengo la impresión de descansar y de desplazarme al mismo tiempo, descanso en Cristo y me dirijo hacia él, alejándome siempre más del agujero lúgubre que fue mi cárcel, poco tiempo atrás. Me digo que nunca jamás volveré a caer en este hoyo.

Luego ocurre algo, algo insignificante o bien importante. Se cae un empaste. Recibo una mala noticia de un ser querido. Lucho para guardar la perspectiva de las cosas, pero la visión se desvanece. Sigo diciéndome que Dios es bueno, que puedo confiar en él pero la realidad se esfumó. En un santiamén, desaparece la hierba y me encuentro sumido en tinieblas. Mi alma se siente otra vez sin vida, torturada, presa del sufrimiento y de la duda.

El ciclo se repite, pero esta vez con bajones menos pronunciados y cimas más elevadas. Estoy obligado a volver nuevamente al fundamento: ¿Dios es realmente bueno? ¿Lo creo? ¿Tengo vida y poder para buscarlo? ¿Está todavía allí? ¿Me permitirá encontrarlo? Soy más consciente de la importancia de manifestarle mi confianza, de descansar en su bondad, de elegir no pecar.

En algunos momentos, desearía contentarme con llevar una vida sencilla y agradable: cepillarme los dientes, pagar mis facturas, jugar al tenis. Pero la búsqueda de Dios exige más.

Cuanto más descubro los problemas reales de la vida, tanto más me doy cuenta de que no tengo otra elección que buscar la madurez o dejarme vencer por la derrota espiritual; buscar la profundidad y el poder o ceder en una carencia absoluta de fuerzas. Anhelo llegar a ser un hombre de Dios, conocer a Cristo lo bastante como para que sea visible en mí a pesar de mis cambios de humor, mis inconsistencias y mis cosas raras. Quiero a Cristo; a veces lo deseo más que la vida misma. Tengo que buscarlo de todo corazón; solo entonces me dejará conocerlo. Y solo si lo encuentro conoceré el gozo de vivir.

¡Señor, permite que te pueda vislumbrar de nuevo, por favor!

(Fin de las reflexiones de mi diario)

Socavar nuestra lógica caída

Podremos contemplar a Dios cuando nuestra lógica caída sea socavada de raíz y seamos atraídos a buscar al Señor como el supremo bien de nuestras vidas. Para que sea así, necesitamos valor para hacer tres cosas.

En primer lugar, debemos *reconocer el impacto que tenemos sobre nuestros semejantes.* Cuando nos damos cuenta del daño que hacemos a los que queremos, nuestro corazón redimido se duele y se arrepiente. Si nuestro impacto es positivo, nos alegraremos y anhelaremos amar más.

En segundo lugar, debemos *reconocer los daños que nos han hecho otras personas*. Al reconocer con honestidad hasta qué punto otros nos han fallado, empezamos a ver de qué forma nos esforzamos por esquivar otros posibles malos tratos, disimulando ante los demás todo lo que nos haría vulnerables a sus ojos. Al disimular así, en alguna parte de nosotros surge un anhelo de vivir más plenamente con todo lo que somos y lo que tenemos, un deseo de dar de nuestra ternura a los demás, aún cuando la pisoteen, de actuar con mayor ímpetu, aún cuando fracasemos.

Finalmente, debemos *reconocer nuestra actitud hacia Dios*. Tenemos la impresión de que Dios nos ha fallado. No confiamos plenamente en él. En ocasiones, Dios nos irrita. Al reconocer lo que pensamos acerca de Dios, nos conmovemos. Notamos claramente que nos equivocamos. Entonces, un sentimiento nos lleva a confiar en él, a reconocerlo como el Dios bueno que dice que es, a descansar en la certeza de que es perfectamente bueno y está constantemente a nuestro lado y a nuestro favor.

Debemos aprender a contar la historia de nuestra vida – el impacto que tenemos sobre otros, los daños que nos han ocasionado los demás, los sentimientos que albergamos para con Dios – si deseamos poner fin a las actitudes y a las prácticas culpables que persisten en nosotros. Desvelar nuestra experiencia de vida nos obliga a mirar cara a cara algunas verdades dolorosas sobre nosotros mismos. Y una vez las hayamos abordado con valentía, sentiremos de nuevo los anhelos nobles y ardientes de amar, ser y adorar; pasiones implantadas en nuestro corazón por el Espíritu Santo.

Desgraciadamente, demasiado a menudo, omitimos los detalles sórdidos e infames de nuestra historia, o bien los exploramos de manera obsesiva. Ninguna de ambas actitudes nos encaminará hacia el descubrimiento de Dios.

CAPÍTULO 16

Los errores más frecuentes

Descubrimos a Dios al desarrollar cada vez más nuestra confianza en su carácter y esto nos libera, nos permite hallar descanso y poner un punto final a nuestros esfuerzos para hacer que la vida funcione según nuestros deseos, para dejar de exigir pruebas específicas de su bondad. Pero en un mundo en el que las pruebas de su bondad están nubladas por tanto sufrimiento e inseguridad, el nacimiento y el desarrollo de esta confianza no es evidente.

En nuestros esfuerzos para encontrar a Dios, cometemos a menudo uno u otro de los errores siguientes.

Rodear nuestras dificultades

En primer lugar, *rodeamos* nuestras dificultades para restablecer nuestra confianza en la bondad de Dios. Decirle a un hombre que lucha con tendencias homosexuales, o a una mujer que se enfrenta con la bulimia que deben entregarse a actividades que se centren más en Dios, equivale a ignorar o rodear sus verdaderos problemas. El hecho de consagrar más tiempo al estudio de la Biblia o de doblar más a menudo las rodillas en oración es a veces una manera de esquivar las duras realidades de la vida, las cuales, al ser enfrentadas con valentía, podrían llevarnos directamente a Dios.

No encontraremos a Dios alejando de nosotros las realidades repulsivas y dolorosas de nuestro mundo exterior o interior. Si no queremos admitir todo lo que ocurre en nuestra vida, si no nos contamos nunca la historia de nuestra vida unos a otros, nuestra búsqueda de Dios se reduce a una serie de actividades llevadas a cabo con la energía de una soberbia disciplina.

Un estudiante del seminario de teología fue a verme un día y me explicó su problema: se masturbaba. Le pregunté cuáles eran sus relaciones con lo demás. Intuía que su fracaso crónico ante las tentaciones sexuales se explicaba en parte por un tipo de relación que le privaba de las legítimas alegrías de un compromiso típicamente masculino. Tanto si intentaba dominar a los demás (simulacro de virilidad) o capitulaba fácilmente ante ellos (ausencia de virilidad), su alma de hombre se encontraba vacía. Era este vacío el que le llevaba entonces a buscar la plenitud para la que había sido creado, pero mientras no cambiara su estilo no masculino de relación, sería proclive a buscar una experiencia de gozo instantáneo que no comportara ningún riesgo. Para superar su masturbación compulsiva tendría que ir acercándose a los demás con el valor compasivo de la virilidad.

Cuando le pedí que me describiera su estilo relacional, esperaba descubrir modos de relación de autoprotección: bien dominando a los demás o esquivándolos.

Replicó enseguida: "¡Justo lo que me imaginaba! Quiere usted escudriñar las profundidades psicológicas de mi ser para encontrar una excusa para mi pecado. Lo que hubiera tenido que hacer es sencillamente dirigirme a las Escrituras, que me exhortan al dominio propio y condenan la masturbación como un medio culpable para liberar las energías sexuales."

El camino hacia Dios nunca nos hace rodear nuestras dificultades.

Me enteré más tarde que este joven formaba parte de un grupo cuyo objetivo era denunciarme como consejero anti-bíblico. Para él, *la consejería bíblica exigía que no se escudriñara nunca nuestra vida más allá de los pecados de comportamiento evidentes.* Deseaba rodear los problemas que encontraba en su vida, pensando encontrar a Dios entregándose a una disciplina moral más rigurosa.

Debemos aprender a contar la historia de nuestra vida con lo que tiene de bueno, de malo y de feo para examinar quiénes somos: criaturas que siguen llevando la imagen de Dios pero una imagen deformada, criaturas que viven juntas en una comunidad con otros que tienen esta imagen desfigurada del Creador, en presencia de un Dios indeformable, que no cambia nunca, y que nos hace poco a poco semejantes a él. Nunca podremos conocer a Dios si negamos quiénes somos y de dónde venimos. El camino hacia Dios nunca nos hace rodear nuestras dificultades.

Absortos en nuestras dificultades

Tampoco encontraremos a Dios si nos zambullimos totalmente en nuestras dificultades. Es el segundo error que solemos cometer. Los especialistas de cierto tipo de consejería nos animan a veces a tomar este callejón sin salida. En vez de rodear nuestras dificultades, deberíamos, según ellos, zambullirnos decididamente en ellas, enfrentar al toro por los cuernos y no disimular nada. Para los adeptos a esta estrategia, la negación, llega a ser el peor de los vicios; la honestidad y el abrirse, las mayores virtudes.

Patricia luchaba con una falta de seguridad en ella misma. Por lo tanto, adoptaba los planes de todos los demás y desconfiaba de los suyos. Estaba exhausta, llena de menosprecio hacia ella misma y tenía una gran depresión. Su grupo de terapia la animó a establecer límites más precisos, a decir no más frecuentemente y a hacer más a menudo lo que quería hacer. Pero no encontraba el valor para seguir sus consejos. Un participante del grupo le sugirió entonces que buscara una terapia individual.

Durante seis meses, Patricia pasó una hora a la semana explorando cada herida recibida, cada desilusión que había experimentado, cada cicatriz que testificaba del maltrato. Cuando defendió a su padre, presentándolo como un hombre que había intentado amarla sin saber cómo, su consejero insistió que lo considerara como alguien claramente perverso y que reconociera que lo odiaba profundamente. Tenía que considerar también como "dañina" *(NdT. Lit. "tóxica", venenosa)* la iglesia conservadora en la que había crecido, por haber insistido tanto sobre su naturaleza caída y no haberle hablado más de la gracia. Los recuerdos de abusos sexuales cometidos por el responsable del grupo de jóvenes volvieron a su mente. El consejero le animó a medir la amplitud y la gravedad de estos traumas psicológicos.

El mensaje que recibía en la terapia era que, al eliminar toda negación, se sentiría luego libre para expresar todo lo que sentía, y que esta expresión total de ella misma era la condición necesaria para restablecer el gozo en ella.

Como todos los errores, este en concreto comienza por una verdad, pero la lleva demasiado lejos. No debemos rodear nuestras dificultades; debemos efectivamente enfrentarlas si queremos encontrar a Dios. Ahora bien, nuestros problemas puede ser tan fascinantes y nuestras luchas contra ellos tan estimulantes, que nos podemos fácilmente dejar absorber por ellos. Hemos perdido la noción de un justo equilibrio. Algunos libros cristianos de auto-ayuda explican lo que ocurre en nosotros y presentan métodos para arreglar lo torcido, pero desgraciadamente lo plantean con más ahínco que el hablar de las maravillas de la vida en Cristo.

Hemos perdido de vista que las luchas incesantes contra una pobre auto-imagen, contra las cicatrices de los abusos sexuales y contra la soledad pueden sernos útiles para acercarnos a Dios.

Este segundo error tiene como efecto el conceder *demasiada importancia* a nuestras dificultades. Permanecemos sumergidos en nuestros problemas y nunca los *atravesamos*. Hemos perdido de vista que las luchas incesantes contra una pobre auto-imagen, contra las cicatrices de los abusos sexuales y contra la soledad pueden sernos útiles para acercarnos a Dios. Razonamos de la manera siguiente: "Me es imposible amar a los demás mientras no consiga amarme a mí mismo. Por consiguiente, debo primero aprender a aceptarme tal como soy. Confío que Dios sanará el concepto falseado que tengo de mi identidad y, cuando lo haga, entonces le serviré. Pero es imposible que deje de lado mis problemas para ocuparme de los de otros, mientras no están resueltos los míos. Un atleta no puede competir en una carrera mientras su pierna rota no se ha curado del todo". Con semejante lógica nos enfangamos en nuestros problemas; toda nuestra atención se centra en ellos con una energía egoísta disfrazada de una búsqueda de crecimiento personal.

Atravesar nuestras dificultades

Si atravesamos nuestras dificultades en vez de rodearlas, negándolas, o enfangándonos en ellas, nos encontraremos en un camino bien diferente, el que nos conduce a Dios. En la última sección de este libro os propongo examinar este camino que lleva a Dios a través de nuestras dificultades.

CAPÍTULO 17

Nuestras buenas pasiones son demasiado débiles

Descubrimos a Dios en la medida que anhelamos encontrarlo. Si nuestra ambición de descubrirle no supera todas nuestras demás ambiciones, si no tenemos la firme voluntad de conocerlo como Señor y amigo más que como un distribuidor de los bienes que queremos (lo que hace el niño mimado cuando se acerca a su padre rico), no lo descubriremos tan íntimamente como él desea. En este caso, no se podrá revelar a nosotros con el precioso resplandor de su amor, ni en la serena seguridad que procura su presencia a nuestro lado.

Dios desea dejarse encontrar por nosotros. Dios se deleita cuando le encontramos, sobre todo si los años de vida cristiana que llevamos parecen no habernos acercado a él. No juega a escondite con nosotros. Hay algo en nuestra identidad y, en la suya, que hace ineludible que lo deseemos más que a cualquiera o que a cualquier cosa antes de poder encontrarlo. "Me buscaréis y me hallaréis, porque me buscaréis de todo corazón. Me dejaré encontrar por vosotros, dice Jehová" (Jer 29.13-14).

No es fácil manifestar semejante celo. El hecho de levantarse media hora antes para pasar un tiempo con el Señor puede por supuesto ser útil, pero no será suficiente. Nuestros deseos, incluso los que nos impulsan hacia Dios, están de tal modo marcados por el egoísmo que no pueden ser purificados mediante una disciplina personal, el activismo religioso o el fervor que le ponemos a la hora de entonar cánticos.

Regatear con Dios

Demasiado a menudo, exigimos que Dios nos demuestre su bondad de un modo particular. Pedro le preguntó una vez a Jesús: "Nosotros lo hemos dejado todo y te hemos seguido; ¿qué, pues, tendremos?"

Descubrimos a Dios en la medida que anhelamos encontrarlo.

El Señor respondió a Pedro contándole la historia de unos trabajadores en una viña. Un propietario viñador había contratado obreros para ir a trabajar en su viña durante todo el día y había convenido con ellos el salario diario habitual. Más tarde en el día, contrató a otros trabajadores diciéndoles: "Os daré lo que sea justo". Cuando al final del día pagó a todos los trabajadores el mismo salario, tanto si habían trabajado una hora como doce, aquellos que habían trabajado todo el día se quejaron. El propietario viñador les declaró: "No hago ninguna injusticia con vosotros. ¿No estabais de acuerdo en trabajar por un denario? Tomad lo que es vuestro y marchaos… ¿No me está permitido hacer lo que quiero con lo mío?"

Con este relato Jesús subraya que los siervos deben confiar en su Amo, que sabe lo que es conveniente. Como Pedro, hablamos mucho de la confianza en Dios, pero no nos cortamos a la hora de regatear con él. Nos acercamos a él creyendo que recompensa a los que le buscan de todo corazón pero; sin embargo, insistimos en recibir una gratificación inmediata y conforme a lo que creemos merecer.

Ahora bien, la forma de búsqueda que da resultados nunca se hará en un espíritu de regateo. Es un amor que confía en el buen Padre el que nos hará atrevidos para pedir lo que nuestro corazón desea, al igual que los niños con la llegada de Navidad pero, al mismo tiempo, es un amor que nos da la libertad para tener contentamiento venga lo que venga.

Reforzar las pasiones nobles

Cuando abordamos el tema de las pasiones, la mayoría de nosotros piensa enseguida en los deseos poderosos que se agitan en nosotros y que preferiríamos que no estuvieran. El enemigo se esconde detrás de deseos secretos tales como la codicia, la preocupación, la ira y otras cosas semejantes, y el poder de este enemigo, eso pensamos, reside en el odio hacia uno mismo y el sentimiento de vergüenza que hemos adquiridos en ambientes disfuncionales.

Para resistir a estos deseos – para dejar la bebida, dejar de comprar revistas porno o dejar de perder los estribos – pensamos que primero debemos debilitarlos. Se muestran tan fuertes, que cuando nos agarran, parecen irresistibles. Nos esforzamos entonces en considerarlos de un modo que los haga menos atractivos e intentamos sacar fuera de nosotros mismos la energía que nos permitirá resistirlos. Trabajamos para debilitar las malas pasiones.

El problema número uno no es tanto estar apasionados o aprisionados por cosas malas, sino no estar suficientemente apasionados por las buenas.

Pero, ¡si las malas pasiones son fuertes es, tal vez, porque las buenas pasiones son demasiado tibias! Nuestro defecto no es el tener demasiados deseos sino el no tener suficientes deseos. Para la mayoría de nosotros, incluyendo los que son adictos al sexo, al trabajo y las víctimas de abusos sexuales en su infancia, el problema número uno no es tanto estar apasionados o aprisionados por cosas malas, sino no estar suficientemente apasionados por las buenas.

No triunfaremos nunca sobre nuestras adicciones intentando atenuarlas o focalizando todos nuestros esfuerzos en una fuente de energía exterior a nosotros para poder resistirlas. Descubrir las raíces de las pulsiones homosexuales en la esperanza de disminuir su virulencia no resultará muy eficaz a la larga. Y el hecho de sacar energía del grupo que nos arropa se convertirá en una nueva adicción, seremos dependientes de él.

Es necesario que en nosotros se libere una fuerza que *busque más* el resistir que el resignarse. Nos debe embargar una meta mayor y más irresistible aún, que fortalezca las pasiones nobles. Cuando la santidad llega a ser más atractiva que el pecado, cuando el conocimiento de Dios llega a ser más importante que el conocerse a uno mismo, cuando nada parece demasiado costoso a cambio del privilegio de una relación íntima con Cristo, entonces encontramos la fuerza para resistir eficazmente al pecado, no perfectamente, pero eficazmente. Entonces, nuestra obediencia será sincera y no un intento de manipulación. Y nuestros esfuerzos para llevar una vida recta se dirigirán más hacia la búsqueda de algo bueno que hacia el abandono de algo bueno.

El Señor prometió revelarse a los que prueban su amor guardando sus mandamientos (Juan 14.22). La obediencia es indispensable si queremos que Cristo se manifieste en nuestras vidas. Lejos de ser una cosa pesada, esta obediencia es un placer, un privilegio, la respuesta de los sentimientos más profundos del corazón. Para los que emprenden la senda de la obediencia, Cristo se revela de un modo tan deslumbrante que su sombra hace desaparecer todos los demás deseos.

Hamburguesa contra filete miñón

Pero para muchos de nosotros, el que queda en la sombra es Cristo y otra cosa en su lugar brilla mucho más. Esta detestable lógica o estructura caída que nos lleva a dudar de la bondad de Dios nos ha quitado el apetito por lo que es bueno. Es como si la energía detrás de esta tendencia a apoyarnos sobre nosotros mismos hubiera seccionado las terminaciones nerviosas más profundas de nuestra alma, de modo que no encontramos ningún interés en las realidades que podrían acarrearnos los gozos más intensos; en cambio, nos dejamos atrapar y esclavizar en las redes de los placeres inferiores y a menudo culpables.

Nos halaga más haber sido escogidos para una fiesta por invitación selectiva que la petición que se nos hace de orar con otros hermanos. Nos sentimos más felices cuando ciertas personas desean nuestra presencia que por el hecho de ser aceptados por Dios. Nos afecta más la pérdida del afecto de un amigo que la pérdida de la comunión con Cristo. Nos entusiasma más tener un empleo mejor retribuido que ver cómo Dios actúa en nuestra vida para animar a otros.

Algo falla estrepitosamente en esta estructura caída. Nos parecemos a alguien cuyas papilas gustativas empezarían a salivar ante la sola mención de una simple hamburguesa pero que no tendrían ninguna reacción ante un sabroso filete miñón.

Esta ausencia de apetito por las buenas cosas que Dios ha previsto para que las disfrutemos es la señal más evidente y más trágica de la perversión de nuestra naturaleza caída. El gozo de dar ha sido sustituido por el placer de recibir. La fascinación de vivir como seres que no tienen nada que temer y que son siempre libres para dar, sea cual sea la manera en que son tratados, nos atrae menos que la oportunidad de protegernos de los embates lanzados contra nuestra dignidad y de defender nuestro valor propio en medio de un mundo que suele rebajarnos. Y el profundo gozo de saberse aceptado plenamente por Dios llega a ser menos exaltante que el deseo de enderezar nuestra vida. En vez de buscar a Dios preferimos calmar nuestra angustia ante la vida ganando más dinero y haciéndonos más amigos; estaremos incluso dispuestos a ventilar nuestra ira directamente con Dios, en quien no podemos confiar, decidiendo de forma arrogante apoyarnos exclusivamente en nosotros mismos.

*Al vivir de forma responsable damos por sentado
que Dios debe seguir bendiciéndonos.*

De algún modo, hemos matado la pasión que tendría que ser la más fuerte y ahora nos gobiernan pasiones inferiores.

Un marido y su esposa se pelean. ¿Qué es lo que les parece más importante? ¿Descubrir a Dios y reflejar sus virtudes el uno al otro? ¿O mantener a toda costa que uno tiene razón, reduciendo la tensión, o encontrar un medio de corregir lo que provocó la pelea?

Unos padres descubren que su hijo fuma marihuana. ¿Qué pensarán en primer lugar? ¿Renovarán su confianza en Dios y se acercarán a su hijo con la fuerza que les da esta confianza? O ¿se castigarán a sí mismos acusándose de ser padres que fallaron en la educación de su hijo, tomando inmediatamente medidas para sacar a su hijo de las malas influencias?

Una mujer cae en una depresión tan profunda que todo le parece insípido. ¿Qué objetivo gobernará su conducta? ¿Buscar a Dios para seguir sirviéndole independientemente de lo que siente? ¿O encontrar un médico que pueda aliviarla o sacarla de la depresión con unas pastillas o una psicoterapia?

¿Por qué tenemos menos sed de Dios que de las soluciones a nuestros problemas existenciales? Si Dios es realmente tan bueno como dice que es, y si la mayor felicidad de nuestra alma es conocerlo, en cualquier situación, nuestro primer pensamiento debería ir dirigido hacia él. Pero no es así.

Un plan a seguir

Nada nos hace más rápidamente perder una justa perspectiva de las cosas como el dolor, y nada nos impide más reconocer una perspectiva errónea que cuando todo va bien. Estimamos que las bendiciones deberían continuar, sobre todo si nosotros hemos hecho nuestra parte. Al vivir de forma responsable damos por sentado que Dios debe seguir bendiciéndonos.

Cuando nuestro más ferviente deseo es resolver nuestros problemas, buscamos *un plan a seguir* en vez de *una persona en quien confiar*. Estudiamos la Biblia, leemos libros cristianos, asistimos a seminarios, escuchamos predicadores para encontrar una estrategia que nos asegure buenos resultados. Al igual que hacían los hombres de antaño cuando estudiaban el movimiento de las estrellas para conocer su destino personal y actuar según lo que habían aprendido, le pedimos a Dios que despliegue ante nosotros el pergamino de un plan que refleje una vida mejor, y luego acudimos a especialistas para ayudarnos a interpretar este plan divino.

Ahora bien, las personas sinceras y honestas que tienen cierta experiencia de la vida son muy escépticas en cuanto a la eficacia de los planes, sean cuales sean. Constatan una y otra vez que las fórmulas habituales, incluidas las cristianas, son ineficaces. Lo que creían ser promesas de Dios no se cumplan. Las técnicas de comunicación enseñadas durante un seminario cristiano sobre las relaciones no consiguen eliminar todas las tensiones dentro de un matrimonio. El respeto escrupuloso de los principios bíblicos en materia de gestión financiera no resuelven siempre los problemas de dinero.

No tenemos ninguna garantía de que la vida transcurrirá tal como nosotros queremos. Si Dios nos ha dado principios bíblicos, no es para que le demos a nuestra existencia el sabor que nos gusta, sino para que podamos saber cómo Dios quiere que vivamos. Lo que ocurra a nuestra vida cuando nos conformamos a sus directrices es asunto suyo. A veces, esta obediencia a los preceptos divinos está acompañada de bendiciones. A veces, no. Es solo cuando abandonemos toda esperanza en las fórmulas que prometen éxito cuando podremos cultivar una confianza auténtica en un Dios que se la merece, aún cuando parece que la vida no tiene sentido, porque un día nos introducirá en el hogar celestial.

La confianza en un mundo ordenado

Podemos abordar la vida de dos maneras: ya sea viviendo con confianza en un mundo ordenado intentando organizar lo mejor posible las cosas nosotros mismos, o aceptando el drama y el caos del mundo, cultivando una confianza en Alguien que trasciende el caos, cuya bondad supera los peores dramas y que cuida de nosotros. La confianza en un mundo ordenado no muere fácilmente. Pensar en nuestra debilidad nos aterra. Exigimos poder controlar lo que más nos importa: nuestros hijos, nuestra relación con buenos amigos, nuestra salud, nuestras cuentas bancarias. Nos negamos con rabia y obstinación a creer que la vida es más caótica que previsible; no queremos creer que la única manera de sobrevivir con el gozo es depositando nuestra confianza en alguien superior a nosotros.

Nuestro objetivo principal no es servirnos de Dios para resolver nuestras dificultades, sino atravesar nuestras dificultades para descubrir a Dios.

Cuando la vida transcurre como lo deseamos, es casi imposible resistir a una sutil forma de orgullo: "Hay lógica en la vida, y la he encontrado, la he seguido. Gloria a Dios, pues no soy como tantos otros que no viven como deberían". Los padres de hijos que salieron bien tienen la tentación de echar una mirada condescendiente a los padres cuya hija adolescente y soltera está embarazada.

Sin embargo, los sueños que se rompen en mil pedazos nos proveen de una ocasión única para obligarnos a modificar nuestra opinión sobre el carácter previsible de la vida. Cuando a los esfuerzos desplegados para llevar una vida recta no siguen las bendiciones con las que contábamos, perdemos la confianza en el carácter previsible de la vida. A veces, por supuesto, nos reprochamos no habernos conformado al plan de Dios como hubiéramos debido; pero, incluso dentro de este auto-desprecio, empezamos a darnos cuenta de que vivir como Dios manda no nos asegura siempre las bendiciones que esperábamos.

Debemos meditar sobre este pensamiento. Vivir de manera responsable, si bien es importante, no debería ser nuestra prioridad número uno en la vida. La vida no recompensa siempre el mérito. Las cosas no son así de predecibles. Cuando surgen dificultades inesperadas que no pueden explicarse por errores anteriores, perdemos confianza en nuestra capacidad para impedir que la vida se vaya al traste. Nos enfangamos y la confianza en Dios nos queda como única tabla de salvación. Es lo que explica tal vez por qué el deseo de buscar a Dios se desarrolla mejor en la oscuridad.

Nuestro objetivo primordial

Si queremos tratar los conflictos existenciales de un modo sabio y responsable, no hay nada más importante que cultivar un amor ardiente por Cristo. Nuestro objetivo principal no es servirnos de Dios para resolver nuestras dificultades, sino atravesar nuestras dificultades para descubrir a Dios. Debemos mantener una confianza en Dios que nos permita seguir nuestro camino a pesar de las peores dificultades. Ahora bien, esta seguridad puede nacer y desarrollarse solo si se rompe en mil pedazos la confianza depositada en nuestra estrategia para que la vida transcurra conforme a nuestros deseos. Es por esta razón que podemos aceptar con gozo las pruebas que se prolongan, porque nos obligan a poner en tela de juicio nuestra capacidad para esquivarlas o superarlas.

Dios se avergüenza de ser conocido como el Dios de los que quieren a toda costa planificarse una vida satisfactoria en este mundo, de los que toman a la ligera la promesa de una patria mejor y que solo viven para el presente. No se avergüenza en cambio de ser llamado el Dios de los que disfrutan de los placeres legítimos, pero que se niegan rotundamente a edificarse una ciudad aquí abajo; no se avergüenza de los que esperan una morada mejor en otro país; de los que aceptan el sufrimiento causado por sus aspiraciones insatisfechas sin exigir que sea aliviado; de los que son agradecidos por el privilegio de servir a Dios en un mundo hostil, esperando encontrar el verdadero descanso en la ciudad eterna. (Cf. Hebreos 11, y especialmente los versículos 13 a 16)

Nuestro deseo de conocer a Dios es demasiado débil. El Señor se revela a los que desean conocerlo a él más que a cualquier otra cosa. Al enfrentar las dificultades de la existencia, la pregunta más importante que nos debemos plantear no es: "¿Cómo podré resolver mis problemas?", sino más bien: "¿Cómo podría desarrollar una pasión ardiente para conocer a Cristo que superaría con diferencia todas las demás pasiones, reduciéndolas al rango de preocupaciones de poca monta?"

CAPÍTULO 18

La naturaleza de las pasiones buenas y malas: contrarrestar las malas y dar vía libre a las buenas

Debemos recuperar un amor apasionado por Dios o nunca sabremos lo que significa vivir de verdad. La iglesia seguirá llenándose de cristianos bien educados y morales, pero que no conocen el entusiasmo que procura el contacto con lo sobrenatural y cuya vida, si bien difiere de la de los no creyentes carece, sin embargo, de atractivo. Es necesario, pues, recuperar un amor ardiente por Dios; pero ¿cómo? ¿Qué hacer para llevar a Dios a revelarse de una manera más intensa a nosotros a fin de que lleguemos a ser consumidos por Cristo?

Dios no efectúa obra más profunda en el alma de un ser humano que la de suscitar un profundo deseo de encontrarlo, deseo que sobrepasa todos los demás. Si entendemos cómo cooperar con el Espíritu Santo en el desarrollo de esta pasión, estaremos mejor preparados para encontrar a Dios a través de nuestras dificultades, cuando estas surgen.

Nos hace falta encontrar un modo para *contrarrestar las malas pasiones* que nos gobiernan demasiado a menudo y *dar vía libre a las buenas pasiones* que están latentes en nosotros. Para conseguirlo con sabiduría, rehusando reducir a la par este medio a una fórmula que obligaría a Dios a hacer lo que queremos, debemos primero comprender la naturaleza de las pasiones, buenas o malas. Presentaré lo que entiendo por esto en cuatro puntos.

1. Las malas pasiones están profundamente arraigadas en nosotros.

Las malas pasiones están sólidamente arraigadas en nuestra manera caída de llevar nuestra vida y se activan muy fácilmente. Por lo tanto pasamos gran parte de nuestro tiempo luchando contra ellas o cediendo ante ellas. En ambos casos, nos gobiernan.

La menor excitación puede producir emociones extremadamente violentas. Una mirada de menosprecio del cónyuge o el tono burlón en la voz del que nos habla pueden sacarnos de quicio enseguida o llenarnos de miedo y de odio hacia nosotros mismos. Unas emociones fuertes se desatan repentinamente en nosotros sin que sepamos muy bien de dónde nos vienen. Cuando explotan parecen irresistibles. Toman el control de nuestra vida y nos esclavizan como unos odiosos tiranos. Hervimos de celos, ardemos de codicia y nos carcome la amargura. Son sentimientos que odiamos, pero curiosamente, encontramos al mismo tiempo la manera de alimentarlos. Incluso cuando el odio hierve en nosotros, somos capaces de presentar a los demás una fachada que les hace pensar que todo va bien. No sabemos actuar de otro modo.

Luego, experimentamos un tipo de comportamiento que calma la tormenta interna y nos comunica, por unos breves instantes, un maravilloso sentimiento de plenitud, descanso y contentamiento. Tal vez nos hemos ganado el favor general alcanzando excelentes resultados escolares o deportivos, o en un grupo de jóvenes, o en una pista de baile. Tal vez fue cuando nos masturbamos por primera vez mirando una revista porno o cuando hemos engullido un postre adicional para disimular nuestra ira contra nuestro cónyuge.

Una ola de gozo nos sumergió. Todo concurría para hacernos vivir una experiencia que, equivocadamente, hemos tomado por ser la vida auténtica. Nos sentimos pletóricos, felices, realizados, llenos de energía, libres para ser nosotros mismos, confortados por el placer, y seguros, creyendo tener todo el control. Este tipo de vida llegó a ser la fuente de todo lo bueno. Dependemos de ella para lograr ser aliviados del dolor punzante que nunca nos abandona totalmente.

Sin embargo, a lo largo de los años, este modelo se hace más y más tiránico. Nos sentimos bajo una fuerte presión para tener éxito, o caemos en las trampas de una adicción sexual, o sacrificamos relaciones para satisfacer un comer compulsivo. En nuestra determinación para recuperar la sensación de vivir, evitamos todo lo que nos amenaza. Para ello, algunas personas (en general las que han padecido mucho de fuertes abusos) fragmentan su identidad en varias personalidades distintas, cada una creada para preservar un aspecto de lo que son, frente al dolor inmenso y destructivo. El modelo que antaño procuraba la vida (o por lo menos lo que parecía ser la vida) va a tomar poco a poco la forma de una sexualidad desviada, o de una práctica religiosa carente de vida, de un perfeccionismo siempre insatisfecho, o de graves problemas emocionales.

Llegado a un punto, consideramos el modelo que hemos seguido como una fuente de dificultad. No funciona como antes. Nos damos cuenta de que algo falla. Solicitamos ayuda intentando eliminar todo obstáculo que se pone en el camino de nuestra felicidad. "Si tan solo pudiera dominar mis pulsiones sexuales perversas" o "Si tan solo me sintiera mejor conmigo mismo" o "Si tan solo no me agotara constantemente", ¡*qué* bonita sería la vida!

Estamos determinados a resolver nuestros problemas y a emplear todos los recursos a nuestro alcance, incluido Dios, para conseguir nuestros objetivos. Esta determinación nos mantiene prisioneros de una preocupación distinta de la búsqueda de Dios. En vez de complacernos en un modo de vida que genera dificultades, empezamos a buscar un modo de vida que supera los obstáculos. Pero en el fondo, seguimos estando fundamentalmente preocupados por nosotros mismos; deseamos más gozar de la vida que conocer a Aquel que *es* la vida. No hemos contrarrestado nuestra estructura caída; hemos sencillamente sustituido una pasión mala por otra mala.

Deseamos más gozar de la vida que conocer a Aquel que es la vida.

Toda *pasión dominante* que nos lleva a buscar la vida en otra cosa que no sea conocer mejor a Cristo obedeciéndole siempre mejor, es fruto de la estructura caída. La estructura adecuada produce un fruto totalmente diferente. Cuando el Espíritu Santo tiene vía libre para actuar en nuestra vida, libera en nosotros las pasiones nobles que nos llevan hacia la fuente de todo bien perfecto.

Como dudamos de la bondad de Dios, limitamos nuestros deseos únicamente a lo que podemos controlar. De esta forma, los placeres sexuales se convierten en un sucedáneo del gozo que procura la entrega de amor sin reservas para el bien del otro.

Nos gobernarán las malas pasiones hasta que empecemos a cultivar una confianza genuina en la bondad de Dios. Nuestras dudas deben ceder ante la fe. Hagamos todo lo que podamos para contrarrestar las malas pasiones que nos han mantenido por demasiado tiempo aprisionados en sus garras. Recordemos que las malas pasiones están profundamente arraigadas en nosotros. Esta ha sido mi primera reflexión. La segunda nos va a animar más.

2. Las pasiones nobles están latentes en cada creyente, a la espera de ser activadas.

Toda persona rescatada siente el deseo de ver a otros recuperar su unidad y su integridad profundas, de desarrollarse para poder dar y de adorar a alguien grande y fuerte. Pero estas nobles pasiones están ahogadas bajo la determinación carnal a dirigir nuestra vida sin confiar plenamente en Dios. Buscamos medios para reconstruir la unidad y la integridad de nuestro ser, para afirmarnos y para alcanzar nuestros objetivos. Todo esto tiene como resultado, desgraciadamente, la puesta en hibernación de nuestras nobles pasiones.

Sin embargo, siguen estando allí; quizás están dormidas, pero no han desaparecido. La capacidad de anhelar profundamente las cosas buenas que nos acercan a Dios no puede ser destruida en un corazón donde habita el Espíritu Santo, si bien puede ser reprimida. Ilustraremos esta realidad mediante un relato.

Teresa llevaba cinco años casada. Siempre cerraba los ojos cada vez que su marido hacía el amor con ella. Los abusos que había padecido durante su infancia habían destruido en ella toda esperanza de ser amada un día por alguien de manera auténtica. El cerrar los ojos la protegía para no ver la menor señal de placer egoísta en su marido cuando tenía relaciones sexuales con ella. Podía corresponderle cuando se le insinuaba únicamente si se negaba admitir hasta qué punto anhelaba una tierna pureza de parte de su marido.

En el transcurso de una sesión de terapia, le pedí que la próxima vez que besara a su marido le mirase directamente a los ojos. Palideció de espanto y me dijo: "¡Me pide algo imposible!"

"Piense usted en lo que le gustaría con más ahínco que se produjera en su relación, le repliqué. Desea usted seguramente algo más que solo evitar experimentar el sufrimiento de abusos pasados. Anhela usted ser amada de verdad por su marido y a su vez amarle de la misma forma. Anhela ser una mujer que manifieste ternura, segura de sí misma, una mujer altamente apreciada por su marido, el cual se siente por su parte grandemente animado por ella. Al mantener sus ojos cerrados, se cierra a todo lo que teme, pero igualmente al hecho de que anhela profundamente algo bueno. Cada vez que cierra los ojos, excluye la posibilidad de apreciar a Dios como digno de su confianza y pierde una oportunidad de hacer plenamente feliz a su marido entregándose totalmente a él."

Más adelante, me confesó que el hecho de abrir los ojos cuando su marido la besaba había sido la experiencia a la vez más aterradora y más maravillosa de su vida, hasta el día en el que los abrió durante sus relaciones sexuales. Este último paso fue aún más aterrador que los demás, pero contenía en germen también una pasión más fuerte.

Como nos falta confianza en Dios, pretendemos que los anhelos más profundos de nuestro corazón (ser buenos como Dios) no existen realmente y que las satisfacciones menos nobles pueden hacernos felices. Luchamos contra las buenas pasiones, porque si no confiamos en Dios, nos hacen miserables. Debemos adoptar una actitud diferente: necesitamos sentir estas pasiones que nos llevan, bien a la agonía de la desesperanza, o bien a la exaltación sublime de la confianza.

Las pasiones nobles son raramente despertadas; a veces nos parece que lo son, mientras no es el caso. Esto me lleva a mi tercera consideración.

3. *Las malas pasiones pueden disfrazarse de buenas.*

Un marido que lo ha intentado todo para reavivar una unión conyugal que se ha enfriado se refugiará detrás de la bandera de una paciencia pasiva cuando ve que fracasa. "No sé qué hago mal. Lo he intentado todo. Solo me queda la oración." Pero un amor semejante al de Cristo, el verdadero modelo de una pasión noble y auténtica, nunca acepta la derrota. Para darse a conocer al que le rechaza, no escatima nada, incluso está dispuesto a arriesgar un tremendo conflicto.

Las personas que sufren de soledad y que comen demasiado pueden sentirse noblemente derrotadas por su hábito compulsivo: "Algo más fuerte que yo me lleva a comer. Contentarme con una sola comida que no sea copiosa se merece un gran aplauso." Es natural sacar fortaleza de buenas intensiones o considerarse como víctimas de pulsiones sobre las que no ejercemos ningún control. Ahora bien, cuando Pablo se sentía impulsado a hacer cosas que no quería, no buscaba realzar su auto-estima. Se consideraba más bien miserable y se dirigía a Dios para obtener su perdón y su gracia capacitadora (Ro 7.24,25)

La firme decisión de agradar a Dios (educando a nuestros hijos en amor, dando el primer paso hacia un cónyuge insensible, tomando la firme decisión de perder peso) solo es el primer paso para conseguir ser gobernado por pasiones nobles. Mientras vamos caminando siendo gobernados más y más por buenas pasiones, es posible que sintamos el atractivo de las malas pasiones con más intensidad que cuando nos esclavizaban. Esto me lleva a mi última observación.

4. *Las pasiones malas son a menudo sensuales, pero las pasiones nobles atraen más.*

Podemos ser *gobernados* por una pasión por Dios y pese a ello *sentir* con más acuidad las pasiones malas. Lo que importa, no es las pasiones que *sentimos* con más intensidad, sino las pasiones a las que *obedecemos*.

No nos juzguemos con demasiada severidad cuando la codicia y los celos parecen más fuertes que nuestro deseo de conocer a Dios. Los placeres culpables son de naturaleza sensual, y por lo tanto, suprimen el sufrimiento. El placer en Dios solo se desarrolla de forma lenta y va acompañado en general por sufrimientos. El gozo sensual (¿me siento bien?) no dice si nuestro estilo de vida es espiritual. Las personas maduras son a veces bien miserables (Os 5.15).

> *Lo que importa, no es las pasiones que sentimos con más intensidad, sino las pasiones a las que obedecemos.*

Las metáforas bíblicas, como suspirar hacia Dios, gustar de Dios, beber del agua de la vida, comer del pan del cielo, prueban claramente que descubrir a Dios no es una entelequia para intelectuales. Hay algo más que tenemos que hacer, no debemos solo comprender ciertas verdades acerca de Dios; es preciso tener un encuentro con él, como una esposa se reúne con su esposo la noche de bodas. Encontrar a Dios es una experiencia sensual.

Pero, mientras no veamos a Cristo cara a cara, nuestros apetitos naturales y nuestros temores nos parecerán siempre más urgentes y apremiantes. Cuando las dificultades profesionales nos hacen perder el sueño, no deberíamos sentirnos culpables si rehusamos hacer del alivio de nuestra ansiedad y de nuestro insomnio nuestra prioridad número uno.

La vida puede ser dura. Y las personas piadosas y espirituales sentirán su mordedura. Pero no debemos apoyarnos en medidas que son del ámbito del pecado, como los pensamientos impuros, para calmar nuestros nervios.

Cuando las malas pasiones parecen prevalecer, recordemos que Dios trabaja para hacernos desear conocerlo y que se dirige a ciertas partes de nuestro ser que no se dejan atraer por los placeres inferiores. Son estos aspectos de nuestra personalidad los que definen si somos realmente creyentes en Cristo.

Para atraernos más cerca de él, Dios sacude nuestra estructura caída permitiendo que sintamos el terror y el sufrimiento que esta lógica pretendía vencer. Luego nos convence con la esperanza de encontrar en él la satisfacción de todos nuestros deseos nobles. Dios nos sacude y nos atrae, revelando a la vez su ira contra el pecado y su indefectible bondad, actuando a través de nosotros *en el transcurso de nuestra vida*. No nos pide que primero mejoremos antes de emprender su obra de derribo y de seducción. Más bien todo lo contrario. Al tomar honestamente conciencia de lo que ocurre en nuestras relaciones, al reconocer el sufrimiento que nos mina y las estrategias establecidas para protegernos de él, al confesar de todo corazón nuestras dudas en cuanto a la bondad de Dios, descubrimos las viles pasiones que nos rigen y que son provocadas por esta sed interior que nos atraerá a Cristo.

En este proceso de desvelar y atraer, nuestro papel es dar a conocer a los demás la historia de nuestra vida siendo perfectamente conscientes de la presencia de Dios.

Considerad el cuadro que sigue y reflexionad nuevamente sobre la estructura caída que he analizado en la segunda parte de este libro. Observad que los seis niveles que caracterizan esta lógica carnal corresponden a tres *esferas de experiencia*, tres partes de la novela de nuestra vida.

La lógica caída	Tres esferas de experiencia	La historia de nuestra vida	
5º nivel 4º nivel	¡He aquí cómo quiero sobrevivir!	Una manera de concebir las relaciones	Nuestra historia presente
3º nivel 2º nivel 1º nivel	Me odio Os odio Os necesito	Un antídoto al sufrimiento	Nuestra vivencia interior
Fundamento	Dudo de Dios	Actitud ante Dios	Nuestra historia íntima

El cuarto y quinto nivel ("Quiero sobrevivir" y "He aquí como haré para sobrevivir") describen nuestra *manera de concebir las relaciones*, nuestra historia actual.

El primero, segundo y tercer nivel ("Os necesito", "Os odio" y "Me odio") tienen que ver con el *antídoto al sufrimiento*, nuestra vivencia interior, que explica cómo nos protegemos de los estragos causados por los demás.

El fundamento ("Dudo de Dios") revela nuestra actitud ante Dios, la parte más profunda, la más íntima de nuestra historia personal.

Atravesar nuestras dificultades con el objetivo de descubrir a Dios exige que contemos nuestra vida de un modo que desactive la satisfacción que nos procuran los diferentes elementos de la estructura caída y que despierte las aspiraciones profundas de nuestro corazón, que hacen que suspiremos hacia Dios.

CAPÍTULO 19

Contar la historia de nuestra vida

Estoy luchando con un problema que he dado a conocer a una única persona. Al aceptarme a pesar de mi problema, esta persona ha permitido que se establezca un fuerte lazo de amistad entre nosotros. Con otras personas, he compartido una serie de dificultades muy personales que me hubiera gustado de todo corazón haber superado, pero no es el caso.

Es más que evidente que lo mejor que un amigo podría hacer por mí sería ayudarme a encontrar soluciones a mis problemas, especialmente a los que me atormentan más.

Ayer, Ana rompió en sollozos al describirme su matrimonio. Ricardo es un marido cruel y rencoroso, que disfraza su poder destructor con tiernas y calurosas palabras, capaces de destrozar el corazón de Ana. Con la pasión de alguien que se cree justo, Ricardo justifica su autoritarismo y la vileza que emplea para con su mujer como la expresión del rol de cabeza o jefe que la Biblia le otorga ante una esposa rebelde. Está claro que Ana no es irreprochable, pero su corazón está abierto a la acción del Espíritu Santo. No es el caso del de su marido, por lo que puedo apreciar.

Si mi hija se hubiese casado con semejante hombre, haría lo que fuese para mejorar su suerte. No podría considerar cosa más elevada que protegerla contra los asaltos cotidianos que padece Ana, tan lastimada ya por esta dura prueba. Es más que evidente que lo mejor que podríamos hacer por Ana sería darle un marido transformado o alejarla de él.

Los veintinueve años de casados de Marisa y Gerardo han sido ensombrecidos por frecuentes tensiones, dificultades económicas crónicas, luchas en el terreno de la fe y numerosas separaciones impuestas por su trabajo. Luego, cambió radicalmente la situación. Todo parecía ir sobre ruedas para ellos. Se volvieron a enamorar. Gerardo aceptó un trabajo en el que no tenía que viajar y estaba mejor pagado que nunca. Una noche, mientras estaba en los brazos de su mujer, lloró de alegría diciendo: "¡Dios es tan bueno! Nunca me sentí tanto en el centro de su voluntad como ahora." Dos horas más tarde, sucumbía a una crisis cardíaca.

Es más que evidente que el mejor regalo que se le habría podido hacer a esta pareja, sería concederles todavía unos años más de vida en común para que pudieran disfrutar el uno del otro.

Un viernes por la noche, después del ensayo del coro, Carola, una mujer soltera de edad madura, caminaba sola hacia su coche aparcado en el parking de la iglesia. Un chico de dieciséis años salió de repente de la sombra y, amenazándola con una pistola, la obligó a subir en el coche y a dirigirse hacia un lugar desierto en un bosque en el que, durante veinticuatro horas, abusó de ella sexualmente con todo tipo de prácticas perversas y degradantes, antes de esfumarse corriendo.

Dos días más tarde, se encontraba en la oficina de un consejero que le pidió que volviese a vivir, ojos cerrados, los horrores que había padecido aquel día, pero imaginándose que el Señor Jesucristo estaba entonces presente con ella. La meta del terapeuta era curar el recuerdo doloroso de Carola. En cambio, perdió en seguida el control gritando a todo pulmón: "¡Esto justamente es el problema! Ya sabía que estaba conmigo. Pero, ¿por qué no hizo nada?"

Es más que evidente que el mayor servicio que alguien habría podido prestar a Carola sería haberla acompañado hasta el lugar donde había aparcado su coche.

Dios tiene el poder de poner fin a mis luchas, de transformar el marido de Ana, de posponer la crisis cardíaca y de proteger una mujer contra la agresión de un adolescente perverso escondido detrás de un arbusto. ¿Se preocupa de nosotros? ¿Es bueno de verdad?

Marisa es viuda ahora, su único compañero es el dolor cotidiano de su soledad y unas preguntas que no tienen respuestas y que desgarran su alma. Carola no consigue huir de los recuerdos dolorosos que atormentan su memoria y reponerse de unas cicatrices que nunca podrán borrarse. Ambas mujeres se entregaron a Dios pero para… ¿qué?

¿Qué hace Dios?

Es a veces difícil saber qué hace Dios. Nos comunica que no priva de ningún bien a sus hijos. Lo que entiendo de la forma siguiente: *¡No hay nada que la perfecta bondad, asociada al poder absoluto, debiera hacer que no estuviese haciendo ya!*

Sin embargo, sigo luchando con una dificultad que odio. El marido de Ana sigue destrozando su corazón. Permanece el sufrimiento en el fuero interno de la viuda. La mujer violada no consigue conciliar el sueño. Mañana otro avión se estrellará en alguna parte. Un médico anunciará con voz triste a un ser querido: "No puedo hacer nada más por usted". Un joven, al saber que su novia ha sido víctima de abusos sexuales, le dirá: "No creo que sea la voluntad de Dios que me case contigo." Un responsable cristiano en el que tenías plena confianza caerá en adulterio.

Tarde o temprano nos enfadamos con Dios exigiéndole que haga más de lo que está haciendo. Él nunca está amenazado, si bien dolido - más de lo que podemos imaginar –porque pensemos y creamos que es cruel o indiferente. Él no se desvía del rumbo que se ha trazado. Se niega a reescribir el guión de la novela de nuestra vida, puesto que ya escribió el último capítulo y sabe que este final es muy, pero que muy feliz y que cada hilo del tapiz de nuestra historia es necesario para llegar a dicha conclusión.

> *Tarde o temprano nos enfadamos con Dios exigiéndole que*
> *haga más de lo que está haciendo.*

Mientras me mosqueo contra él en medio de mis sufrimientos, me responde invitándome a vivir como él vivió, a dar, a ser, y a adorar. Y con lo que podría parecer una monstruosa insensibilidad a lo que ocurre en mi vida, me dice: "Ven, descúbreme. No esperes que tus problemas desaparezcan. Busca conocerme. Deleita tu alma con los manjares más suculentos."

"Pero Señor, ¿no ves que buscar conocerte no es precisamente lo que más me preocupa? No puedo soportar lo que se me cae encima en la vida. Además, ¡la pobre Ana! ¡Todavía no has hecho nada para sacarla del atolladero! Yo no podría resistir una hora de lo que ella tiene que aguantar días tras días."

Y Dios me responde: "Podrías soportarlo con gozo si supieras cuán bueno soy. Pero quieres que te pruebe mi bondad según tus propias condiciones. Ahora bien, si accedo a lo que me pides, no *confiarás* en mí; más bien llegarás a pensar que soy tu siervo, que me *posees*. Estoy comprometido a hacer lo que es más necesario para tu felicidad que simplemente resolver tus problemas. Te haré descubrir mi bondad infinita, de modo que puedas descansar con gozo en comunión conmigo, aún cuando sigan los problemas, a la espera que te haga entrar en un lugar mejor que he preparado para ti.

Un viejo pastor jubilado se me acercó al final de un culto en el que yo había predicado sobre las preguntas sin respuestas en la vida del creyente. El hombre era menudo y delgado pero tenía las ideas muy claras y un gran amor por el Señor, según pude deducir de sus palabras. Puso su mano sobre mi hombro y me miró a los ojos con una mirada dulce y penetrante, diciéndome: "Tengo ochenta y siete años. He perdido a mi mujer hace cuatro años. Nunca había experimentado semejante sufrimiento. Rogué a Dios que me lo quitara y que me hiciese sentir su presencia hasta tal punto que alejara de mí la terrible soledad que padezco. No lo ha hecho. Pero sí me hizo probar su bondad. Tuve un anticipo de lo que tiene reservado para mí. Y me basta a la espera de entrar un día en la casa del Padre."

Me cuesta imaginar la angustia que sentirá este hombre cuando se siente solo a la mesa para comer. Sufre todavía, pero al caminar está yendo más allá de su pena hasta encontrar a Dios. Y Dios se ha revelado a él: por lo tanto puede seguir adelante persiguiendo esta meta con gozo en medio de su pena.

¿Es Dios bueno de verdad?

¿Es Dios bueno de verdad? Esta es la pregunta central a las que todas las demás preguntas sobre la vida se supeditan; se plantea a veces esta interrogación a gritos. Veo en los diarios las fotos de niños que mueren de hambre, de hombres torturados, y me dan ganas de pasar la página. Busco los resultados futbolísticos. Leo las viñetas humorísticas. No me gusta pensar que el Dios que no hace nada para mejorar la suerte de estas personas es aquel que se encarga de mi vida, de la de mis dos hijos, de mi mujer y de mis padres entrados en años.

Las palabras de Cristo suenan a veces a provocación burlona y sádica; me toma el pelo presentándome lo que anhelo pero no puedo experimentar: "Ánimo", me dice.

—¿Por qué Señor?

—"Porque he vencido al mundo"

—"¡Pero mira lo que ocurre en China, mira mis amigos en las Filipinas, mira Ana, mírame! ¿Qué quieres decir al afirmar que has vencido el mundo? ¡Vaya follón tenemos en este mundo!"

—"Si buscas pruebas de mi bondad en lo que ves alrededor de ti y en ti, sacarás unas conclusiones completamente equivocadas. Acabarás por creer que a veces soy bueno y a veces no. Pero si buscas pruebas de mi bondad en la manera en que, un día, todas las cosas encajen; si estás dispuesto a creer que actúo ahora en previsión de aquel día, si meditas sobre el sentido de mi muerte, entenderás que todo el mal que se comete bajo el sol, incluyendo el comportamiento reprensible del marido de Ana, tu problema particular – que conocía antes de que se lo contaras a tu amigo – y los niños que mueren de hambre en Somalia, no pueden triunfar de mi bondad, como tampoco un niño puede derrotar a un fornido adulto. En la medida en que confíes en mi amor, serás capaz de vivir como yo he vivido. Cuando estaba colgado de la cruz, pensaba en los demás, no a mí mismo. No me he defendido contra nadie ni contra nada; tan solo manifesté mi amor al Padre y mi deseo de someterme a su plan. Nunca he transgredido las exigencias de la adoración. Tú puedes aprender a hacer lo mismo en medio de tus problemas no resueltos".

Desarrollar una estructura adecuada

A veces este mensaje impacta. En este caso, no hay nada más importante que encontrar a Cristo e imitarle siempre más. Entonces el ardiente deseo de dar ahoga el egoísmo, y me siento aliviado de la presión de tener que ser lo que no soy. Al ceder la duda ante la confianza en la bondad divina, la maldita estructura caída se debilita, vacila y acaba por derrumbarse. Los problemas que se arraigaban en mi deseo de ver la vida transcurrir según lo que me parecía mejor, se desvanecen poco a poco.

Una estructura adecuada se establece en su lugar. Sentimos formarse la sensación de integridad, de tener una identidad segura y un lugar preciso en el proyecto de Dios; estas cosas atenúan la intensidad del deseo de sentirnos amados por los demás. ¿Qué hacer, sin embargo, para que esto se produzca más a menudo y más profundamente? ¿De qué manera ocurrirá en mi vida, en la de Ana, en la vuestra?

La respuesta va más allá de las recomendaciones evidentes tales como consagrar tiempo en la oración, la lectura de la Biblia, la comunión fraternal y el servicio cristiano. Estas disciplinas deberían ser la oportunidad para encontrar a Dios si no, no nos sirven de nada. Y la respuesta va también mucho más allá de la mera sugerencia habitual de pedir la ayuda de un consejero. Requiere recursos sobrenaturales que nunca podemos manipular, pero sobre los que puede descansar nuestra confianza.

Unas conversaciones que molestan y cautivan

Avanzar más allá de nuestras dificultades con la intención de descubrir a Dios exige que tengamos un concepto renovado de lo que es la comunidad cristiana y el valor, así como la determinación, de implicarnos en ella. Debemos aprender a hablarnos unos a otros de tal modo, que la meta de nuestras conversaciones sea de *molestarnos* mutuamente y de revelar hasta qué punto somos propensos a la manipulación, a la autoprotección y al egocentrismo. Nuestras conversaciones deben asimismo *cautivarnos* para influenciar a los demás para bien, gozando de nuestra personalidad única y contando plenamente con la bondad de Dios, pase lo que pase.

En el seno de una comunidad activa, las tensiones pueden parecer insuperables y las presiones extremadamente fuertes, pero mientras sigamos involucrados, tendremos la posibilidad de encontrar a Dios. No debemos ceder a la tentación de refugiarnos en el silencio de un parloteo superficial y sin riesgos. Sigamos dialogando y hablemos de cosas importantes. Lo que decimos debe revelar la verdad descarnada y más vergonzosa sobre nosotros.

Las conversaciones más ricas siempre cuentan una historia. Cada una de nuestras vidas es una historia pintoresca que muestra cómo un ser relacional, apasionado, sensato, lógico y depravado hace frente a las experiencias de la vida. La trama de nuestra vida incluye nuestra explotación de los demás, nuestra manera de defendernos contra ellos y el culto que nos rendimos a nosotros mismos. Es la meta de la lógica caída que obra en cada uno de nosotros.

Pero la marca indeleble impresa en nosotros por el Señor nos da la seguridad de que la historia de nuestra vida incluirá igualmente el relato de nobles aspiraciones, generalmente bajo la forma de un pequeño párrafo que pasa casi desapercibido pero; sin embargo, innegablemente presente. Las pasiones nobles, que están enterradas debajo de las malas que nos rigen o liberadas para convertirse en motor de nuestra vida no son ni eficaces, ni honorables, mientras no saquen su energía de la confianza en la bondad de Dios.

Tanto el que relata su historia como el que la escucha, necesitan ambos oír las luchas del alma que duda para encontrar su identidad. Deben discernir el movimiento de Dios que libera a las personas para que puedan dar, ser y adorar. Las conversaciones que nos hacen tomar mejor conciencia de la acción de Dios nos molestan en un primer momento, luego nos cautivan.

La mayoría de nuestras conversaciones deberían ser agradables ("¡Hola! ¿Qué tal?"), útiles ("Podrías recogerme en el aeropuerto?") o importantes ("Como ancianos, tenemos que tomar una decisión en cuanto a estas noticias inquietantes.") Nada más irritante que este joven consejero que convierte cualquier conversación en una sesión de terapia. El que analiza en voz alta - cuando no le han llamado - las motivaciones profundas y emplea expresiones pomposas para manifestar su preocupación, destruye las conversaciones agradables, útiles e importantes.

Pero una verdadera hermandad debe asegurar momentos significativos donde se trate de la naturaleza de nuestras relaciones con Dios, con los demás y con nosotros mismos. Todos tenemos amigos que nos conocen bien y que se interesan sinceramente por nosotros, amigos que viven de un modo suficientemente honesto para luchar con cuestiones sin contestar. En presencia de semejantes amigos, corramos el riesgo de ser más transparentes aún cuando esto nos puede incomodar.

Durante una cena con una buena amiga, sentís quizás el deseo de comentarle las dificultades que tenéis con vuestro hijo. Preguntadle si está dispuesta a escuchar vuestros problemas familiares. Mientras explicáis vuestra historia, aseguraos de subrayar más la naturaleza de vuestras relaciones con vuestro hijo que sus problemas en sí. ¿Sois críticos para con él? ¿Autoritarios? ¿O al contrario, demasiado influenciables?

Si no hay momentos en que los mismos fundamentos
de nuestras relaciones se tambalean seriamente
y las seguimos manteniendo, únicamente por causa
de Cristo, no tejemos relaciones sólidas.

Animad a los demás a contaros sus historias. Plantead preguntas que obliguen a vuestros interlocutores a reflexionar sobre el sentido de su experiencia, a revivir en su mente situaciones pasadas que generaron emociones fuertes. "¿Qué supuso para ti entrar en la habitación del hospital?" "¿Cual fue tu diálogo interior cuando tu padre te anunció que se divorciaba de tu madre?" "¿Con quién deseaste más compartir la buena noticia de tu nuevo trabajo?"

Las buenas conversaciones son a veces embarazosas. Incluyen el tono incisivo de uno de los protagonistas que pone al otro sobre aviso. Enfrentan el sufrimiento provocado por el desaire de un amigo o la negligencia de un familiar. Las conversaciones que sanan desvelan el terror y la rabia que se esconden a menudo bajo el barniz de una relación agradable. Si no hay momentos en que los mismos fundamentos de nuestras relaciones se tambalean seriamente y las seguimos manteniendo, únicamente por causa de Cristo, no tejemos relaciones sólidas.

Narradores honestos

Ilustraré el procedimiento que deseo explicar en estos capítulos finales, es decir el procedimiento para descubrir a Dios en el seno de una comunidad de narradores honestos.

Trabajo con seis colegas. Nos amamos y nos respetamos mutuamente; pero formamos un grupo de siete hombres imperfectos, a veces mezquinos, en ocasiones raros, unos hombres que no aman a Dios lo suficiente como para estar completamente a salvo de pulsiones degeneradas.

Quedamos dos horas cada semana. Recientemente acudí a uno de estos encuentros semanales con una carga que me pesaba en el corazón y que me costaba llevar. Mi estado de ánimo era una mezcla de rabia y de pesimismo. Había tomado la resolución de no hablar a los demás de lo que me ocurría, pero al verme se dieron cuenta de que algo me pasaba.

Sin embargo, no se comentó nada de mi preocupación. Nadie me hizo preguntas, o me consoló o me confrontó. En cuanto a mí, no reconocí el hecho evidente de que me aplastaba una pesada carga. En ningún momento invité a mis colegas para que opinaran sobre mis problemas.

Hicimos lo que pudimos para matar el tiempo: hablamos de negocios, intercambiamos nuestras opiniones, bromeamos, pero nadie se atrevió a subrayar los efectos irritantes y asfixiantes de mi estado de ánimo sobre el grupo. Levanté la sesión declarando que dejaría de asistir a unas reuniones inútiles donde nada relevante se comentaba. Le pedí a quien tuviera un tema para tratar en el orden del día de la siguiente reunión que lo diera a conocer a los demás y que se preparara para dirigirla. De no ser así, la reunión se suprimiría. Mis últimas palabras fueron: "Prefiero quedarme en la cama que levantarme para nada."

Mientras salíamos uno tras del otro de la sala, la atmósfera estaba muy cargada. Todos estábamos furiosos. Personalmente, me sentía a la vez ofendido (nadie había intentado realmente averiguar lo que me pasaba) y justificado (por afirmar que las reuniones tenían que tener un objetivo preciso). Durante un momento, había llegado a sentirme claramente indignado.

Aquella noche, quise dejarlo todo. La mezcla de desesperación y de rabia que había sentido poco antes se convirtió en nihilismo. No veía ningún interés en seguir trabajando con estos hombres, ni con nadie, por otra parte. Era buena gente — sabía que no los encontraría mejores — pero no disfrutábamos de una comunión auténtica. Sabía que era en parte culpa mía y en parte culpa suya. No obstante no conseguía determinar claramente dónde estaba el problema en sí, ni por supuesto su solución. Podía dar a conocer mi ira a mis colegas, pero lo había hecho muchas veces en el pasado. Como muchos otros en situaciones semejantes de tensión interpersonal, no veía ningún interés en airear mis problemas. Me parecían insuperables. Deseaba dejarlo todo.

Con estos pensamientos rondando por mi cabeza, me fui a la cama pero no podía dormir. Daba vueltas y más vueltas en la cama. Oré. Suplicaba a Dios que se manifestara, que me hiciera sensible a su presencia, que me volviera a dar el sentido de mi misión y nuevas fuerzas para enfrentar la vida.

Pero no ocurrió nada. El cielo permanecía silencioso. Ahora sé que el Espíritu había sido entristecido por mi orgullo y mi cobardía. Dios no se dejaría encontrar si persistía yo justificando mi aislamiento de mis hermanos. Descubrir a Dios y vivir en comunión con otros van juntos. Es imposible tener el uno sin el otro. Las fervientes oraciones, el ayuno y las horas de estudio de la Palabra no inducirán a Dios a revelarse a nosotros, si pasamos por alto nuestras tensiones interpersonales. "El que ama a su hermano permanece en la luz... pero el que odia a su hermano está en tinieblas... las tinieblas le han cegado los ojos" (1Juan 2.10-11).

Pocos días después, un colega nos informó que tenía un tema a tratar para la próxima reunión. No quería asistir, pero como se había cumplido la condición que había exigido, no podía escaquearme. Fui. Los demás también, excepto uno, por enfermedad. Le envidiaba.

Una vez expuesto el tema, me dirigí hacia el que lo había presentado y le dije con un tono incisivo que tenía la impresión de que se distanciaba de mí, y que esto se reflejaba en las grandes líneas del plan que presentaba. Comenté a los otros dos miembros del grupo que apreciaba que se instalaba un espíritu de rivalidad entre nosotros en cuanto a un ministerio que realizaban en paralelo con el mío.

Me daba cuenta de que lanzaba bombas. Justo después de lanzarlas una llamada urgente requería mi presencia. Así acabó la reunión.

Nos reunimos cinco días más tarde. Estuvimos de acuerdo en considerar abiertamente el impacto que teníamos los unos sobre los otros. Es lo que llamo *contar su historia actual*. Dejando el terreno del conflicto que nos oponía, llegamos a examinar cómo podía nuestro estilo de relación generar sentimientos tan fuertes.

Uno de los hombres en el que había percibido un espíritu de competición declaró que le había utilizado. Nunca me había percatado de que se sentía así y estaba lejos de imaginar lo que yo había hecho para alimentar dichos sentimientos. Pusimos todas las cartas sobre el tapete y pasamos cierto tiempo hablando abiertamente sobre este problema. Finalmente, empecé a sentir que algo ocurría en mí, algo más profundo que las explicaciones que había dado para justificar mi comportamiento. Amaba a este hombre, y le había hecho daño. Cuando me di cuenta de que había actuado mal sentí una profunda tristeza. Algo cambió en mí. Nada parecía más importante que el deseo que sentía de manifestarle un mayor respeto. Traduje en palabras la energía que se agitaba en mi interior. Fue un buen momento, pero una experiencia incompleta.

Una vez expresado, el deseo de amar más este colega me abrió puertas sobre partes más profundas de mi ser. Nunca fue mi intención aprovecharme de este amigo, y me sentía herido por su falta de confianza. Me sentía solo y desesperado. Al verbalizar mis sentimientos íntimos, comenzaba a contar mi *historia interior*, la historia de un hombre que anhela algo que nunca consiguió. Lo resumo así: "Muchos me consideran importante, pero pocos me aman."

Otro colega logró sacar más aún de mi historia interior al afirmar que de las diez frases más importantes que se le habían dirigido en su vida, cinco venían de mí. Mientras hablaba me invadió un vivo dolor. "Precisamente, este es el problema," dije. Me aprecian por mi capacidad de ayudar, pero nadie piensa en mí para pasar un buen rato."

Al pronunciar estas palabras se atropellaron en mi mente un montón de recuerdos dolorosos: la velada a la que no fui invitado, velada organizada por una pareja que me había dicho que yo había salvado su matrimonio. Todos los componentes de nuestro círculo social habían sido invitado menos mi esposa y yo. ¿Por qué? Otro recuerdo me vino a la memoria: al final de una sesión de consejería especialmente trabajosa practicada delante de decenas de alumnos, todos se precipitaron sobre el aconsejado, mientras yo salía a pasos lentos de la sala agotado, inadvertido, solo.

Pero aún bajo el peso aplastante de la soledad, un sentimiento de gozo inundó mi ser. Solo puedo describirlo como la sensación de ser, el entusiasmo de vivir. Existo. Vivo en un mundo caído en el que, como cualquier otra persona honesta, me siento solo, pero vivo y con algo que ofrecer. Ningún sufrimiento, ni daño que me pudieran hacer me podrían quitar este privilegio. Por el milagro de la gracia, puedo seguir mi camino como alguien comprometido en un proyecto mucho más elevado que el simple alivio de la soledad. Puedo afrontar mis debilidades y mis heridas, y conocer las profundas emociones que a veces cruzan mi camino.

Pero no basta, y nunca bastará. Mis colegas se dieron cuenta de mi dolor. La compasión que llenaba su corazón se podía ver en sus ojos. Sentía lo mismo por ellos. Entonces, en medio de esta unidad enriquecedora, nos dimos cuenta, tal vez con una renovada intensidad, de las deficiencias de nuestro amor los unos por los otros.

Esta toma de conciencia nos llevó a *contar nuestra historia más profunda.* Callamos ante nuestra necesidad de llevar a cabo un proyecto que nos superaba. Nuestras cargas y nuestros celos nos parecieron entonces muy pequeños ante el cuadro que se estaba formando delante de nuestros ojos. Necesitábamos entrar en relación con Aquel que puede contarnos una historia más amplia de lo que cada uno podíamos contemplar, Aquel que puede ayudarnos a atravesar las tensiones todavía sin resolver hacia un objetivo cuya magnitud empequeñeciera cualquier otro objetivo.

Habíamos empezado a hablar de nuestro compromiso para con Dios. Ningún otro tema nos parecía relevante. Nos sentíamos pequeños, pero esperanzados. Un sentimiento de adoración llenó la habitación. Nos apabullaba la presencia de Dios. Después de saborear unos instantes el dulce perfume de la adoración, terminamos la reunión. Habíamos tomado algunas decisiones. Nos habíamos enfrentado a serias tensiones sin ser capaces de atenuarlas. Pero al despedirnos, cada uno estaba animado por el deseo renovado de dar al otro, de ofrecer su particular contribución al conjunto del cuerpo de Cristo y de vivir para la gloria de Aquel que nos trasciende a todos.

Nos habíamos contado nuestra *historia actual*, hecha de lagunas y de heridas recíprocas; y el hecho de compartirla había derretido nuestro corazón y había generado un *ardiente anhelo de dar*. Luego nos contamos nuestra historia interior, tejida de desilusiones y de soledad; el compartirla, con su dolor, generó en nosotros el *ardiente anhelo de ser*. Finalmente, nos contamos mutuamente *nuestra historia más profunda*, la aspiración a poder descansar en la fuerza de otro; al compartirla fuimos llevados a adorar.

El desarrollo de una pasión adecuada

Dios se revela a los que quieren conocerlo de manera apasionada, a los que se sienten terriblemente incómodos con todo lo que le entristece y ofende, no solo porque temen los reproches, sino sobre todo, porque aspiran a una intimidad que se halla amenazada. Para cultivar una pasión santa, debemos mirar a los ojos la verdad relativa a la naturaleza de nuestras relaciones con los demás y con Dios, y aspirar con todas nuestras fuerzas a relacionarnos de manera diferente. Mientras vamos explicando nuestra historia el uno al otro en la presencia de Dios, decididos resueltamente a permanecer abiertos a su obra de derribo y reconstrucción, la presencia de las malas pasiones que nos gobiernan y la emergencia de pasiones santas que dormían en nosotros se van manifestando con poder.

Cuando contamos nuestra *historia actual*, la que revela nuestra determinación a sobrevivir en un mundo privado de un Dios bueno, y nuestra estrategia para establecer relaciones en un mundo lleno de personas decepcionantes, reconocemos y destruimos la sólida concha protectora que hemos formado alrededor de nosotros, y nos atrae poco a poco la perspectiva de un nuevo tipo de relación con los demás, una relación significativa que busca el bien del otro.

Cuando contamos nuestra *historia interior*, la que pone de manifiesto nuestra exigencia de que otros se acerquen a nosotros porque Dios no lo hace, y nuestro odio hacia ellos cuando nos fallan, reconocemos y rechazamos nuestra tozudez de querer protegernos contra todo lo que tememos tanto, y nos atrae poco a poco un deseo sincero de vivir en el seno de una comunidad cristiana sin alardes ni férreas auto-protecciones.

Cuando contamos nuestra *historia más profunda*, la que desvela nuestras dudas en cuanto a la bondad de Dios y nuestro terror e irritación cuando no quiere intervenir en nuestro favor, nos hallamos de repente cara a cara ante este terror que mata el gozo y ante nuestra rabia contra Dios, cuya bondad no nos asegura una felicidad inmediata; condenamos entonces nuestra actitud. Al descubrir la realidad concreta de nuestras dudas, de nuestra ira y de nuestro terror, experimentamos una vergüenza saludable y entendemos hasta qué punto es indecente poner en tela de juicio el amor de Dios, hasta qué punto anhelamos confiar en él y cuán incongruente – y culpable – es tratarle de malo. Al reconocer que la cuestión esencial es saber si, de verdad, creemos en su bondad, descubrimos el fundamento de la fe que ya ha sido puesto en nuestro corazón.

Como me comentaba recientemente un amigo, "Cuando las cosas van mal, en mi irritación doy por sentado que Dios es malo. Pero en cuanto considero y verbalizo lo que siento sobre él, sé que no creo sinceramente en ello. Por alguna razón, el hecho de poder airarme contra Dios me da un sentimiento de poder. Sin embargo, siento paz cuando reconozco que es realmente bueno."

A pesar del riesgo que supone reducir una experiencia tan maravillosamente misteriosa e imprevisible como una buena conversación, a un mecanismo que se puede desmontar, me gustaría resumir la sustancia de mis reflexiones en el cuadro siguiente:

	MOLESTA	ATRAER
Historia presente (acercándose a los demás)	**Egocentrismo** Dureza indiferencia; falta de compasión; intentos de manipulación; egocentrismo.	**Dar** Impacto; bendiciones; empleadas para el bien de otros; deseo de ver a los demás actuar correctamente.
Historia interior (el antídoto al dolor)	**Autoprotección** Determinación a sobrevivir; dependencia defensiva; nuestros recursos internos son empleados para preservarnos del dolor.	**Ser y crecer** Valentía de ser; analizarse para descubrir lo que hay de único en nosotros que pueda servir para un propósito bueno.
Historia más profunda (la actitud hacia Dios)	**Servicio a uno mismo** Terror ante lo que es verdadero y puede sobrevenir; ira contra Dios porque no me ofrece las mejores garantías; dudas encuanto a su bondad.	**Adoración** Valentía de vivir asentada sobre la confianza en la bondad de Dios; delicias en un Dios con el que contamos y al que pertenecemos.

Contar nuestra historia requiere valentía. Desvelar las pasiones culpables que nos gobiernan a menudo, exige humildad. El poder sentir hasta qué punto deseamos ser instrumentos para el bien de otros, y conocer una fuente donde sacar directrices que nos hagan libres para vivir en el descanso y la serenidad, hará crecer en nosotros un ferviente deseo de conocer mejor a Dios. Necesitamos correr el riesgo de creer que Dios es bueno al presentar nuestras tres historias. Apoyémonos sobre su gracia cuando nos vemos confrontados a malas pasiones. Confiemos que nos permitirá encontrarlo si le entregamos la pasión más profunda y más decepcionante de nuestro corazón.

CAPÍTULO 20

Historias que molestan y que atraen

Nuestra vida está hecha de gestos rutinarios y de responsabilidades: un café que nos hacemos a la seis y media cada mañana, las letras que debemos pagar cada mes, la comida que tenemos los jueves con el mismo amigo. Charlamos, leemos el periódico, discutimos, hacemos las compras, comemos, miramos la tele, trabajamos y jugamos. Vamos al culto y al estudio bíblico una noche por semana, oramos, escuchamos música gospel y compramos libros en una librería evangélica. Algunos consagran regularmente un tiempo para el estudio personal de las Escrituras, enseñan en un grupo de escuela dominical, testifican de su fe a sus amigos no creyentes, consagran tiempo y dinero para servir al Señor.

Sin embargo, muy pocos llegan a hablar realmente con otros sobre su vida cristiana. Por supuesto, intercambiamos palabras, algunas entusiastas, otras anecdóticas, tiernas o espirituales. Pero llegar a sentarse para escuchar a alguien contar su historia es muy poco frecuente. Aceptamos como mucho consagrar unas diez o doce horas a lo largo de varios meses. Y si comunicamos a los demás nuestra historia, es en general para conocernos mejor los unos a los otros, pero no para descubrir a Dios. Contamos lo que a nuestro parecer quiere oír el que acepta escucharnos y revelamos lo que ofrece una imagen bondadosa de nosotros mismos. Si nos contáramos el uno al otro nuestras experiencias de vida con el objetivo de conocer mejor a Cristo, nuestro relato sería diferente. Sería con toda probabilidad mucho más molesto, mucho más humillante y mucho más aterrador.

La terapia de grupo y las reuniones de auto-ayuda animan a que los participantes compartan con ciertos detalles y honestamente sus experiencias con el objetivo de enderezar su vida torcida y de desarrollar el hábito de escuchar con detenimiento. Sin embargo, semejantes sesiones favorecen a menudo el narcisismo, y fabrican unos egos hinchados de orgullo, más interesados por llevar una vida satisfactoria que preocupados por adecuarse al designio de Dios.

Nosotros, que pertenecemos a la comunidad cristiana, si queremos descubrir a Dios, necesitamos contar nuestra experiencia de vida, aun cuando eso supone arriesgarse y experimentar humillación y rechazo. Debemos perseverar en la lectura de la Biblia y seguir escuchando buenas enseñanzas proporcionadas por predicadores competentes. Debemos adorar a Dios y servir a nuestros hermanos. Debemos disciplinarnos para ofrendar con generosidad a la obra de Dios. Debemos dar a conocer el nombre de Cristo a un mundo incrédulo. Pero debemos igualmente aprender a contarnos nuestra experiencia de vida el uno al otro.

El relato de la historia actual

Debéis contar vuestra historia actual, el relato de vuestras relaciones actuales, en parte para denunciar la sutileza y la importancia de vuestro egocentrismo. Buscad este último en las motivaciones que se esconden detrás de vuestras bromas, vuestras críticas, vuestras opiniones y vuestros silencios. Preguntad a los demás el impacto que tiene vuestra relación sobre ellos. Estad abiertos a admitir que, mediante vuestro estilo relacional, buscáis a veces vuestro propio beneficio.

Un amigo íntimo me dijo un día que no le había gustado mi sentido del humor. Mi sarcasmo "amistoso", delante de su novia le había dejado en una situación embarazosa. Estuve obligado de admitir que uso a veces mi humor para disimular mi falta de seguridad y que esta maniobra, destinada a llamar la atención de los demás, puede a veces herir a algunos.

Es posible que vuestros elogios hacia otros procedan de vuestro deseo de parecer amables y generosos, y se manifiestan para persuadiros de que no sois tan egoístas como algunos dicen. Puede ser que la razón por la que no os mostráis calurosos en vuestras relaciones sea el miedo a no recibir una calidez correspondida.

Al descubrir estos elementos egocéntricos en vuestras relaciones con los demás y al medirlos con la norma inaccesible del amor de Dios, notaréis una sensación desagradable dentro de vosotros. Podréis fácilmente no hacerle caso o suprimirla diciéndoos: "Soy demasiado duro contra mí. Necesito amarme más, y esta dureza seguro que no me ayuda a ello. Considerad más bien esta sensación desagradable como algo bueno, pues aun cuando esté salpicada por rasgos de falsa culpabilidad y de vergüenza, es saludable. La confrontación con vosotros mismos hace nacer dentro de vosotros una noción moral que os incita a seguir hacia un plano más elevado. A pesar de todo el bien que hay en vosotros, a pesar de los abusos y de los dramas que habéis padecido, habéis sido llamados a un estilo de relación altruista que transgredís constantemente. Permitid que el malestar generado por la culpabilidad sea la puerta que dé rienda suelta a vuestra noble pasión. Habéis sido creados para establecer relaciones de amor, lo mismo que habéis sido creados para respirar. Si bien esta necesidad de crear relaciones fue corrompida, deformada y ahogada bajo el peso del egocentrismo, queda sin embargo presente en vosotros. Si no existiera, estaríais fuera del alcance de la gracia.

Anheláis poder mantener una relación buena y fluida con cada uno de vuestros hijos, incluso con el que consiguió romper vuestro corazón. Y bajo una espesa capa de ira y de sufrimiento, sentís en vuestro fuero interno una pequeña chispa de deseo, el deseo de ver al que os ha causado tanto daño, vivir de nuevo en el gozo y la santidad. (No lamentaréis encontrar esta persona en el cielo. La curación de un profundo maltrato, con lo terrible que haya podido ser, nunca es completa mientras la víctima no desee con todas sus fuerzas la restauración de su verdugo y no esté dispuesta a ser el instrumento para dicha restauración.)

Cuando una canción, una predicación, o una película cala en el fondo de vuestra alma y libera el ardiente deseo de bendecir, de estrechar lazos de amistad y de amar, seréis inmediatamente confrontados con la total imposibilidad de seguir correctamente este camino sin ayuda. Que esta toma de conciencia os empuje hacia Cristo, que desea que le améis como os ha amado. Ceded a la presión urgente dentro de vosotros de conocerle mejor.

Cuando hayáis descubierto vuestro egocentrismo y vuestro profundo deseo de relacionaros manifestando el amor de Cristo a otros (incluso a los que os han hecho daño), buscaréis a Dios con una pasión renovada. Vuestro deseo de encontrar a Dios como aquel que perdona y que da la fuerza os ayudará a resistir la tentación, a consagrar más tiempo para estudiar las Escrituras, a someteros a la disciplina de la oración y a adorar a Dios de manera más regular.

El relato de vuestra historia interior

Proseguid vuestra búsqueda de Dios contando vuestra *historia interior*. Explorad vuestras experiencias de vida y vuestro corazón con el firme propósito de no esconder nada. Contad la historia de vuestra infancia no para escapar a la vergüenza buscando culpables o para encontraros a vosotros mismos, sino para admitir la tormenta, la ira y el temor que se desarrollaron en vosotros a lo largo de muchos momentos de desilusión. Tal vez vuestros padres son maravillosos pero, incluso los mejores, son culpables de haberos fallado en un momento u otro. Es probable que vuestros padres sean la causa de vuestros sufrimientos más profundos y dolorosos.

Si aprendéis a honrar a vuestros padres, podréis tratar satisfactoriamente todas las demás relaciones humanas.

No es por casualidad que el mandamiento de honrar a los padres se encuentre a la cabeza de la lista de los seis mandamientos que tratan de las relaciones humanas. Precede a los que precisan vuestras relaciones con vuestro cónyuge, vuestros hijos y vuestros amigos. ¿Por qué? Si aprendéis a honrar a vuestros padres, podréis tratar satisfactoriamente todas las demás relaciones humanas[5]. Las carencias universales y en ocasiones graves de los padres para proveer del bien a un hijo vulnerable y fácilmente herido, resultan ser probablemente el mayor obstáculo a la fe en la bondad de Dios (fe previa y necesaria para amar de verdad a otros).

Reconoced las heridas, la irritación y el miedo que se remontan a vuestra infancia y que siguen presentes en vuestra alma. Consideradlas como unos enemigos que pueden, sin embargo, servir para una buena meta. Repasad el video de los

---

[5] Debo esta afirmación impactante a mi amigo Bill Odoumolon, pastor de Foothills Bible Church de Denver, Colorado.

acontecimientos que estimáis particularmente felices o penosos, o los que, por su intensidad, os dejaron una huella indeleble. Dedicad tiempo para evocar estos recuerdos y meditar en ellos en la compañía de algunos amigos íntimos.

Os hallaréis quizás arrastrados en el torbellino de algunas emociones fuertes, que nunca habíais experimentado con tanta virulencia. Algunas de ellas pueden ser feas. Recordad que la fuente de las emociones negativas no reside en la manera en la que los demás os han tratado, sino en vuestra exigencia a ser tratado correctamente por ellos. Admitid esta exigencia en vosotros, luego examinad como pudo generar odio en vosotros hacia todos los que os han fallado. Examinad si habéis reaccionado a una desilusión acusándoos severamente por no haber sido dignos de un mejor tratamiento. Si es el caso, estáis llenos de menosprecio hacia vosotros mismos.

Observad la energía que empleáis para protegeros de sufrimientos ulteriores y para preservar lo que os queda de vuestra deficiente auto-estima. Penetrando en vuestro universo interior y descubriendo que está lleno de un anhelo rabioso por sobrevivir, podríais pensar que no hay en él nada más. Sería una equivocación. Buscad en vosotros esta necesidad serena y sencilla de vivir, de descansar, de ir al trabajo sin tener que probar vuestra valía o protegeros contra lo que sea, de gozar de la vida, de vuestra vida, en sus aspectos más relevantes. Deseáis vivir de manera honesta, apacible y feliz.

Pero no lo conseguís. Demasiados peligros, el miedo al fracaso y al rechazo os prohíben relajaros en vuestra lucha, no os permiten descansar ni vivir. Nadie en su sano juicio se propondría realizar un plácido paseo en una ciudad en guerra. Estáis determinados a sobrevivir en un mundo lleno de francotiradores que os insultan, de asesinos que abusan de vosotros, de espías que se ganan vuestra confianza en un primer momento, para luego apuñalaros por la espalda. Y es posible que consigáis sobrevivir bien. Habéis logrado tanta maestría para evitar las trampas, que hasta gozáis de una sensación agradable de poder y de éxito personal.

El enemigo real –la duda sobre Dios– permanece escondido. Ha preparado en secreto una cabeza de desembarco: vuestra determinación a esperar que los demás vengan a vosotros. El hecho de dudar de Dios es mucho más grave que todos los maltratos que habéis padecido: la duda es la raíz de todo pecado.

Al denunciar a vuestro espíritu reivindicativo, experimentaréis pronto un anhelo de descansar, de dejar de exigir nada a nadie, de confiar en Aquel que todo lo controla para vivir en un entorno donde tenéis la libertad y la seguridad de desarrollar vuestro potencial en lugar de estar constantemente sobre aviso ante los peligros. Entenderéis mejor la necesidad de vivir conscientemente en la presencia de Aquel que es un refugio seguro, que os da la fuerza y la libertad para dirigir vuestra vida y no vivir a remolque de ella. El deseo de conocer a Dios como *protector* y como *liberador* aumentará en vosotros. Entonces, lo buscaréis con todo vuestro corazón.

El relato de vuestra historia más profunda

Demasiado a menudo, la gente se para en el punto anterior, ¡si es que ha llegado tan lejos!

Efectivamente, las personas no suelen ir más allá de la historia presente de su egocentrismo y de su anhelo de estrechar lazos con otros, no suelen tampoco ir más allá de su historia interior que revela su estrategia de auto-defensa y sus profundas ganas de sobrevivir. Dan por hecho que al crear lazos personales más responsables y al cultivar una visión más clara de su constitución emocional, progresarán en el camino de la madurez.

Pero no es el caso. Ni la historia presente, ni la historia interior sacan a la luz el meollo del problema. Tenéis que contar la historia profunda de vuestra vida, la que está llena de las dudas, del terror, y de la rabia que provienen de vuestra actitud hacia Dios.

Cuatro preguntas claves os ayudarán a contar el relato de esta historia.

1. ¿Qué diferencia marca el amor de Dios en vuestra vida?

¿Podéis descansar confiadamente en la providencia de un Dios que no os asegura ni una salud de hierro, ni un cónyuge fiel, ni unos hijos sumisos, ni unos ingresos suficientes? ¿Vivís con el temor obsesivo de que en cualquier momento podría ocurriros una desgracia, un acontecimiento trágico contra el que no podéis hacer nada? ¿Es Dios para vosotros una fuente de consuelo, aun cuando, en su soberanía, permitió que vuestra madre sea alcohólica y que su tercer marido os maltratara? ¿Cuando estáis en medio de un sufrimiento insoportable, queda a pesar de todo gozo en vosotros, porque sabéis que la bondad de Dios engullirá un día todas las miserias de esta vida?

2. ¿Estáis agradecidos por la ayuda que Dios os brinda cuando estáis frente a decisiones vitales y difíciles?

¿Habéis comprendido que el señorío de Cristo no os exime de la responsabilidad de tomar decisiones valientes, a veces en medio de una gran confusión? ¿Habéis entendido que Dios no precisa siempre con claridad lo que quiere que hagáis? ¿Lo habéis asimilado, o esto os deja perplejos todavía?

Cuando no sabéis en absoluto qué hacer para restaurar una relación rota o qué trabajo aceptar, ¿es la Biblia para vosotros una fuente inestimable de sabiduría divina, o la dejáis de lado con disgusto bajo el pretexto de que no encontráis el versículo que os indique exactamente el camino que seguir? ¿Descansáis en la certeza de que Dios está obrando continuamente en vuestra vida? ¿Te desconcierta el testimonio de uno de tus amigos que, pese a haber orado previamente para tener sabiduría, tomó una decisión que le llevó a grandes sufrimientos?

3. ¿Confiáis en el poder de Dios para sanaros a pesar de las heridas profundas que permanecen todavía en vuestra alma?

¿Exigís que Dios sane primero vuestras heridas antes de poder confiar en su poder sanador? ¿Habéis conseguido una curación que os permita amar mejor a los demás, o buscáis una curación superficial con una mayor auto-afirmación y estableciendo límites alrededor de vosotros? ¿Qué os incomoda más: vuestro sufrimiento incesante o vuestro pecado persistente? ¿Qué tiene más importancia para vosotros: la curación o el perdón?

¿Qué os incomoda más: vuestro sufrimiento incesante o vuestro pecado persistente?

¿Vuestra búsqueda de curación os hace considerar la cruz como una prueba de vuestro valor más que como un medio de expiación por vuestros pecados? ¿Y dicha búsqueda, en vez de haceros conectar con el Dios que os da la libertad y la capacidad de amar en medio de las peores pruebas, no os ha puesto en contacto con un falso dios, un anestésico que calma los dolores pero no desarrolla nunca vuestro carácter?

4. ¿Habéis tenido un gusto anticipado de Dios que haya despertado en vosotros una pasión más intensa que todas las demás, incluyendo las que llevan al placer sexual, a la realización personal y al alivio del dolor?

¿Se ha revelado Dios a vosotros de un modo que, al menos por un instante, el pecado haya llegado a ser impensable y totalmente repugnante? ¿Vuestra experiencia con Dios creó en vosotros una compasión por vuestro peor enemigo? ¿Al haber entendido que es Dios el centro de todo y no vosotros, habéis llegado a tener la libertad necesaria para preocuparos por los demás, aun cuando vuestras heridas siguen siendo muy dolorosas?

Rayos de gloria

Estas preguntas os pueden ayudar para contar vuestra historia más profunda de un modo que saque a la luz la ira, el terror y las dudas en cuanto a la bondad de Dios, estos sentimientos que todavía permanecen en vuestra alma. Cuando reconocéis hasta qué punto os asusta la vida, hasta qué punto sentís ira contra Dios cuando decide no protegeros del dolor y cuán a menudo dudáis de su bondad, os halláis nuevamente trastornados, esta vez más que nunca.

La clavija cuadrada de la ira, del terror y de la duda no encaja con la forma ovalada de vuestra alma. Habéis sido creados para apreciar el amor, el descanso y la confianza. En cuanto admitís la existencia de la ira, del terror y del escepticismo, emerge poco a poco un nuevo deseo, un profundo deseo de no intentar apañároslas solos para salir de vuestros problemas, el deseo de ser consumidos por el milagro de Cristo y de conocerle como Señor. Solo entonces, entenderéis lo que significa buscar a Dios con todo vuestro corazón, venir a él creyendo que es todo lo que Cristo ha revelado de él y que es galardonador de todos los que le buscan sinceramente. Entonces podréis percibir algún que otro rayo de su gloria, en momentos impredecibles y de maneras inesperadas.

Cuando llegan estos momentos, el misterio se hace mayor. Estaréis menos tentados a acudir a fórmulas que supuestamente deberían convencer a Dios para que se transfigurara ante vosotros. Dios permanece absolutamente independiente, y se revela cuándo y cómo quiere. Pero ahora, el carácter imprevisible de su revelación es sencillamente delicioso, porque le habéis visto a él. Sabéis cómo es. Confiaréis en él convencidos de que hará todo a la perfección, porque sabéis que es bueno. Mientras permanece esta confianza, experimentaréis paz, aún en vuestras peores tribulaciones, un deseo de amar a pesar de padecer los tratamientos más inhumanos, un gozo más profundo que vuestras más grandes tristezas.

Seguiréis luchando (y la lucha será a veces feroz), sujetos al miedo, a la ira y al desánimo. Pero, de ahora en adelante, no se apartará nunca de vosotros una profunda convicción, a saber, que Dios es bueno, el pecado malo, y que el alivio que este último puede procurar es solo pasajero y a la larga, vano. Os daréis cuenta de que habéis llegado a ser algo más pacientes. Ponéis freno a vuestra irritación cuando se manifiesta. Incluso en medio del pánico, tendréis la seguridad de que Dios lo controla todo muy bien. Empezaréis a creer en el Señor cuando dice: "¡Confiad! *(¡Ánimo!)*, yo he vencido al mundo" (Juan 16.33). Descansaréis con la certeza de que todo el mal que se comete en el mundo no triunfará nunca sobre la bondad de Dios. El último capítulo, que nunca se acabará, contará la historia de la bondad que alcanza todas las áreas de la vida: unas reuniones en las que se manifieste un gozo incomparable, unas relaciones libres de cualquier egoísmo, un trabajo sin estrés, unos viajes sin accidentes y las risas puras de personas que se lo pasan fenomenal.

¿Os podéis imaginar lo que supondrá vivir confiando totalmente en Dios en un mundo exento de tribulaciones, de malos tratos y de pena? "Todo aquel que tiene esta esperanza en él, se purifica a sí mismo, así como él es puro" (1Juan 3.3) obedeciendo los mandamientos de Cristo. El que le obedece, "ése es el que me ama… y *yo le amaré, y me manifestaré a él*" (Juan

14.21 las cursivas son mías). Hemos sido llamados a atravesar nuestras dificultades caminando hacia *el descubrimiento de Dios*. "Me buscaréis y me hallaréis, porque me buscaréis de todo corazón. Y seré hallado por vosotros, dice Jehová" (Jer 29.13-14)

CAPÍTULO 21

De vuelta a casa

Es bueno meditar en profundidad sobre la vida, analizar en detalle las complejidades de vuestras relaciones con los demás y con vosotros mismos. Pero debéis lanzaros en estas aventuras con el mismo espíritu que anima a los niños que emprenden la exploración de la vieja casa de su abuelo. Los armarios, los muchos rincones y recovecos de la buhardilla invitan a los niños a dejar el luminoso y placentero salón donde el abuelo suele estar, para ir descubriendo el oscuro altillo. Ahora bien, el salón seguirá siendo su cuartel general, se guardarán de olvidar el camino para volver a él.

Hoy en día, muchos creyentes en Cristo emprendieron con valor la exploración de las regiones ensombrecidas de su alma, pero no consiguen encontrar de nuevo el camino de vuelta a la estancia donde el Padre celestial reúne a sus hijos a su alrededor, cerca de la chimenea, y les cuenta historias. Se sienten muy adultos cuando hablan de abusos sexuales y de las múltiples formas de trastornos mentales. La excitación rayando en la rebeldía que produce el alejamiento gradual del salón les infunde un sentimiento de superioridad sobre los que se solazan bien calentitos y escuchan ilusionados los cuentos infantiles de murallas que se desploman o de un gigante derrumbado por la honda de un joven pastor.

Una seria reflexión sobre los problemas de la vida conlleva un peligro; no se trata del descubrimiento de elementos que la fe es incapaz de manejar, sino de pensar que estáis pisando un terreno desconocido por el cual la sencillez de Cristo no puede echar suficiente luz. Presumís de necesitar un conocimiento especial para ayudar a esta mujer cargada con un terrible pasado de abusos cometidos durante ritos satánicos, o a este profesor cristiano que manoseó durante años a jovencitas.

¿Podría ser que vuestra mayor necesidad no sea un mejor conocimiento de los abusos rituales o de los vicios sexuales, sino una sabiduría más amplia y más eficaz, ligada al descubrimiento de Dios? ¿Podría ser que un determinado aspecto del conocimiento de Cristo os permita entender y afrontar todas las raíces de los problemas con los que lucháis?

Una última palabra

Dios conoce todos los detalles de vuestra vida. Es plenamente consciente de las luchas personales que amenazan trastornaros. Conoce perfectamente todas vuestras experiencias de vida en cada una de sus etapas, hasta el presente. Todo lo que os dice se resume en una palabra: "Cristo". En tiempos pasados, Dios revelaba, de diversas maneras informaciones limitadas y parciales. Hoy, declara que todo lo que había comunicado antes es revelado plenamente en Cristo. Por lo tanto, su última palabra es: "Cristo".

"Dios, habiendo hablado muchas veces y de muchas maneras en otro tiempo a los padres por los profetas, en estos postreros días nos ha hablado por el Hijo, a quien constituyó heredero de todo, y quien asimismo hizo el universo" (Heb 1.1-2).

Dios quiere que os sentéis cerca de la chimenea y que escuchéis al Espíritu Santo leeros los sesenta y seis libros que hablan de Él. Si en este momento pensáis en un amigo que lucha contra unos impulsos homosexuales, el Espíritu os instará a dejar el confortable salón para ir al encuentro de este amigo escondido en un rincón de la buhardilla donde os contará su historia, y a volver cuanto antes con él para que ambos podáis atender a una historia mucho mejor.

Las verdades más profundas y las más relevantes son siempre las más sencillas. Pablo estaba agradecido a Dios por *la obra de fe, el trabajo de amor y la constancia en la esperanza* de los tesalonicenses. Jesús enseñó que la obra de Dios consistía en creer en aquel que Dios había enviado, es decir en cultivar y desarrollar la confianza en su persona definida por sus atributos únicos. Dios es realmente bueno. Mirad a Cristo. El Señor nos lo demuestra claramente. Nos da la fe en esta bondad.

El trabajo de amor es servir a Cristo, darlo a conocer, tratar a los demás como él los trata, llevar una vida parecida a la suya. La firmeza de la esperanza orienta nuestra mirada hacia la ciudad por venir. En vez de esforzarnos en edificar una ciudad aquí abajo, aguardamos la que Dios construye en un mundo mejor.

Creer en Cristo (fe), servir a Cristo (amor) y esperar a Cristo (esperanza): he aquí lo que significa descubrir a Dios.

Si no lo habéis descubierto todavía, vuestras pasiones escapan a vuestro control. La confianza no tiene cabida. Intentáis *explicar* y *controlar* las cosas; por esta razón simplificáis el misterio reduciéndolo a unos elementos definidos que podéis manejar y os esforzáis en vivir vuestra vida sin tener que depender de Cristo.

Os gusta *tener razón*. Lo llamáis luchar por la fe, y os persuadís de que sois los aliados de Dios en la defensa de la verdad. Pero vuestro espíritu irritado de autosuficiencia y de condescendencia os delata. La compasión y la humildad han dejado lugar a la arrogancia.

Aspiráis a ser *sanados*, anheláis un alivio para vuestro dolor. Pero si este deseo se convierte en prioridad absoluta, en algo más importante que la adoración, os creáis un dios que encaja con vuestro objetivo humano, y consagráis vuestra vida a ayudar a los demás a sentirse mejor. A fin de cuentas, os servís de un falso dios en vez de adorar al Dios verdadero.

Anheláis *entrar en contacto* con lo sobrenatural. Aceptáis el misterio, os postráis humildemente rostro en tierra ante Dios, y no tenéis otro deseo más noble que el de experimentar a Dios. Ahora bien, el acento recae sobre la experiencia. La exigís. Por tanto confiáis en vuestros métodos para conseguirla. Finalmente, estáis más preocupados por la teología en cuanto a descubrir a Dios y por las pruebas de que habéis seguido las pautas correctas, que por Dios mismo.

A cada grito de vuestro corazón lleno de pasión, Dios contesta: "Cristo".

Que vuestra *pasión por explicar* se convierta en una *pasión por conocer a Cristo* y todo lo que el Espíritu ha revelado en el libro que Dios ha escrito sobre él. Reflexionad, meditad, arriesgaos en el terreno de las ideas, hablad con vuestros semejantes de su vida, pero nunca dejéis que pase mucho tiempo sin sentaros en la silla frente a la chimenea. Que la obra de vuestra fe sea creer siempre que Dios es bueno.

Que vuestra *pasión por tener razón* se convierta en una *pasión por honrar a Cristo* en todo lo que hacéis. Estudiad en profundidad, entrad en diálogo, debatid pero siempre teniendo como meta mostrar a los demás cuán bueno y compasivo es Dios. Que una profunda y ardiente convicción sustituya al dogmatismo frío. Que el trabajo de vuestro amor tenga siempre como meta reflejar los atributos de Dios.

Que vuestra *pasión por desear ser sanados* se convierta en una *pasión por dar esperanza*. No sanarán todas las heridas. Ningún método, ningún grupo, ningún consejero puede curarlas totalmente. Pero podéis seguir adelante, cumpliendo la obra de fe y el trabajo de amor, aún cuando todavía seguís heridos. Una ciudad mejor os abrirá sus puertas. Con la firmeza de la esperanza, trabajad fielmente aquí abajo, porque sabéis lo que os espera arriba. No esperéis que vuestras heridas hayan cicatrizado antes de comprometeros en el servicio.

Entrad en diálogo, debatid pero siempre teniendo como meta mostrar a los demás cuán bueno y compasivo es Dios. Que una profunda y ardiente convicción sustituya al dogmatismo frío.

Que vuestra *pasión por conectar* se convierta en una *pasión por confiar* en un Cristo soberano que hará, en favor vuestro, exactamente lo que necesitáis. Revelará al Padre en su tiempo y a su manera en respuesta a vuestra obra de fe, trabajo de amor y firmeza en la esperanza.

La mayor parte de nosotros nos arrastramos en una buhardilla que huele a cerrado, intentando explicar la vida, queriendo a toda costa tener razón, haciendo lo mejor que podemos para aliviar el dolor y preguntándonos dónde está Dios. Es tiempo de bajar al salón, de echarse en los brazos del Padre y de escuchar su Espíritu contarnos la historia de Cristo.

EPÍLOGO

Mi viaje solo está empezando. Más que nunca, creo que estoy en el camino que lleva a Dios. Está sembrado de sorpresas incómodas y de dificultades insuperables que exigen más fe de la que nunca pensé que fuera necesaria.

Ya han pasado más de dos años desde el día en que clamé a Dios para que me diera una percepción más deslumbrante de Cristo. Contestó mi oración pero tuve que pagar un alto precio.

En toda mi vida, no he pasado por una temporada más difícil que en estos dos últimos años. A veces, me sentía como torturado interiormente, hasta tal punto que en alguna ocasión creo haber tenido una idea de lo que sería el infierno.

El día que acabé este libro, hice algo que nunca había hecho antes. Me puse al volante de mi coche y salí sin saber adónde iba. Si hubiese creído en la virgen de Lourdes, hubiera ido a visitar su cueva. Creo que entiendo algo de la desesperación de los peregrinos que atraviesan mares y suben montañas en su búsqueda de paz.

Llegué a un puerto de montaña. Aparqué el coche y contemplé una pequeña muestra de la rica belleza de la creación de Dios. Esta hermosura a la vez se burlaba de mí y me atraía. Me sentía perdido y descompuesto, pero también interpelado.

Como había hecho dos años antes, clamé nuevamente al Señor, pero esta vez con otras palabras: "Señor, si no te revelas a mí de un modo que me atraiga más hacia ti antes que hacia cualquier persona o hacia cualquier cosa, prefiero morir."

Al día siguiente, sonó el teléfono. Un amigo me daba noticias totalmente inesperadas y tan malas que afectaban seriamente mi situación económica. Por una serie de cálculos erróneos, me había endeudado mucho, cuando preveía entrada de dinero. Ya había recibido peores noticias en el pasado, pero esta llegó a ser el símbolo de todo a lo que me agarraba en la vida y a todos mis esfuerzos para salir a flote. Después de cinco minutos de pánico, supe que Dios me daba la posibilidad de dar el paso siguiente – y ¡vaya paso! – en mi caminar con Cristo. El mensaje divino era claro: "No puedes controlar tu vida. Entonces, eres libre. No eres prisionero de la obligación de arreglar las cosas como mejor te parece. Confía más plenamente en mí, más de lo que jamás hayas hecho en tu vida. Haz lo que te propongo hacer, aun cuando a tus ojos te pueda parecer muy arriesgado. Mi bondad es perfecta, puedes confiar plenamente en mí."

Actualmente, realizo planes para ir dando el paso siguiente que me está mostrando Dios. Ya lo tengo decidido en mi corazón. El pánico deja poco a poco lugar al terror de la confianza. La perspectiva de una aventura exaltante sustituye al aburrimiento y la desesperación.

El mundo es un lugar demasiado malo – e incierto en sumo grado – como para establecer en él una morada en la que confiemos poder disfrutar. Pero, es el lugar ideal para descubrir a Dios.

GUÍA PARA
LA MEDITACIÓN

Larry Crabb cuenta en el epílogo de este libro que su oración contestada para recibir una percepción más deslumbrante de Cristo dio paso a una oración más intensa aún: "Señor, si no te revelas a mí de un modo que me atraiga más hacia ti antes que hacia cualquier persona o hacia cualquier cosa, prefiero morir."

Dios le contestó: "No puedes controlar tu vida. Entonces, eres libre. No eres prisionero de la obligación de arreglar las cosas como mejor te parece. Confía más plenamente en mí, más de lo que jamás hayas hecho en tu vida. Haz lo que te propongo hacer, aun cuando ante tus ojos te pueda parecer muy arriesgado. Mi bondad es perfecta, puedes confiar plenamente en mí."

Esta guía para la meditación del libro "Encontrando a Dios" está ideada para que podáis también vosotros aprender a confiar en Dios.

A continuación os ofrecemos algunas sugerencias para su uso:

Preparación. Las preguntas surgen directamente del contenido de cada capítulo del libro. Si no os habéis familiarizado con el contenido del capítulo en cuestión, la meditación corre el peligro de ser forzada y artificial.

Sigue la guía del Espíritu Santo. No os sintáis obligados a contestar todas las preguntas. Dependiendo de las distintas dinámicas que se establecen según se trate de un grupo o de un individuo, algunas preguntas actuarán de catalizador y generarán intensos debates, mientras que otras solo suscitarán bostezos. Estad atentos a los grados de entusiasmo, turno de palabra e interés de los componentes del grupo.

Mantén *el equilibrio entre la forma propuesta y la espontaneidad.* Es importante que el grupo escoja un moderador, con preferencia uno que tenga dones y discernimiento para ello. Este moderador deberá guiar las intervenciones, determinar los puntos de máximo interés y asegurarse de que todos participen.

Ábrete a Dios y a los demás. No deis nada por sentado porque lo dice el libro u otro componente del grupo. Si tenéis una pregunta, hacedla – que no os corte la impresión de parecer "ignorante" o "poco espiritual". Si os es difícil formular preguntas, haced preguntas cortas del tipo: "¿Qué quieres decir con eso?", "¿podrías dar un ejemplo?", o "Esta afirmación me deja confuso; ¿podrías ayudarme a entenderla mejor?" Recordad que el camino hacia el descubrimiento de Dios empieza a menudo por una pregunta.

Da cuentas a alguien de tu vida. Además de las posibilidades de compartir en los intercambios del grupo, podríais desear establecer una relación de mentor con alguien del grupo. Esta relación de uno a uno sería la ocasión de "contar tus historias" y de orar el uno por el otro en vuestro viaje respectivo hacia el descubrimiento de Dios.

Introducción: Lo fundamental no es resolver los problemas

1. Hasta ahora en vuestra experiencia cristiana, ¿qué os ha atraído hacia la búsqueda del descubrimiento de Dios? ¿Qué es lo que os impide encontrarle?
2. El Dr. Crabb declara que en el mundo actual nos hemos pasado de la búsqueda de Dios hacia la búsqueda de nosotros mismos. ¿Cómo podéis apreciar este cambio en vuestra vida? ¿en vuestra iglesia? ¿Qué pensáis de este cambio?
3. ¿De qué manera os afecta este cambio?
4. Esta introducción presenta tres maneras de vivir su vida: (1) vivir totalmente preocupados por entender cómo han sido heridas nuestras almas y cómo podemos encontrar sanidad; (2) obedecer a Dios con una determinación que excluye totalmente nuestro dolor; o (3) una combinación entre la sensibilidad por nuestras luchas y la determinación de creer que Dios es más importante que lo que podemos sentir. ¿Cuál de estas maneras representa lo que más se aproxima a vuestro caso personal? Explicad.
5. ¿Cuál de estas tres maneras escogeríais para que fuera vuestra forma de vivir?

Capítulo 1: Un itinerario personal

1. En este capítulo el autor cuenta la trágica muerte de su hermano. El terrible trance de esta pérdida le llevó a buscar a Dios. Contad una ocasión en la que sentisteis una profunda sed de Dios.
2. Se ha definido la crisis como "el momento en el que fallan nuestros mecanismos para sobrellevar las cosas." Para el creyente es el momento cuando descubrimos dónde depo-

sitamos nuestra fe, más que cuando decimos dónde la depositamos. ¿Cuáles han sido los efectos de una crisis sobre vuestra relación con Dios?

3. ¿Hasta qué punto habéis experimentado que "Todos los caminos que tomo acaban por llevarme a mí mismo"? ¿Cómo os sentís en dicha situación?

4. Meditad sobre Hebreos 11.6: "Pero sin fe es imposible agradar a Dios; porque es necesario que el que se acerca a Dios crea que le hay, y que es galardonador de los que le buscan." ¿Cual es vuestra actitud en respuesta a esta definición?

5. La máxima prioridad de Dios es su gloria, no nuestra comodidad o nuestro confort. ¿De qué manera os afecta esta verdad?

Capítulo 2: Vivir no es solo existir

1. ¿Qué pensáis que significa el título de este capítulo: "Vivir no es solo existir"?

2. ¿Qué significa para vosotros esta expresión: "nos hallamos para siempre fuera del Huerto del Edén, sin ningún medio para reintegrarnos en él"?

3. El autor examinó cuidadosamente la vida de Enoc para ayudarle a entender lo que significa "buscar a Dios de todo corazón." ¿Qué aprendió en cuanto a lo que supone "caminar con Dios"? ¿Cómo habéis descubierto que "caminar con Dios" no es lo mismo que simplemente "ir viviendo" los años que nos tocan?

4. Larry Crabb cree que en el centro de la santidad descansa la convicción de que "no importa lo que nos reserva la vida, Dios es bueno" y que "siempre cuando en nuestra lista de prioridades resolver nuestros problemas viene antes que buscar a Dios, somos inmorales." Describid ocasiones en las que os habéis preocupado más por vuestro dolor que por vuestra santidad. ¿Qué os ayudó en estas luchas?

5. El autor puso de manifiesto el contraste entre la manera de concebir la vida de Enoc y la de Lamec, el descendiente de Caín. Lamec declaró, "¡Me edificaré una ciudad! ¡Quiero abandonarme a los placeres ya!" Enoc dijo: "¡Edificaré el reino de Dios! Y confío que Dios me edificará un día una ciudad en la que disfrutaré." ¿A qué se parece vuestra vida cuando venís a Dios: a la manera de Enoc o a la de Lamec?

Capítulo 3: Las pasiones naturales

1. Según el autor, las pasiones son "fuerzas compulsivas y misteriosas que salen de las profundidades de nuestro ser". Nos dice que "nos mueve a todos de manera natural una energía que nos empuja a hacer que las condiciones de vida fuera del huerto de Edén sean parecidas a las que nos imaginamos existirían dentro". ¿Qué pasiones, actuando de esta manera natural, gobiernan vuestra vida?

2. Como creyentes en Cristo y por consiguiente ciudadanos de otro mundo, nuestra marca distintiva tiene que ser nuestra pasión por Dios. Sin embargo, nuestras pasiones naturales siguen actuando con poder. ¿De qué formas habéis intentado enfrentaros con estas pasiones?

3. Los padres comunican dos tipos de mensajes a sus hijos: "Queremos que seas feliz" o "Queremos que seas bueno." ¿Cuál fue el mensaje que oísteis en vuestra infancia y adolescencia? Explicad.

4. Aprendemos a reaccionar en nuestro entorno social según el mensaje que nos fue comunicado con más fuerza por nuestros padres. Por lo tanto hemos desarrollado una de las dos pasiones profundas que siguen: indulgencia cuidar de uno mismo con un descarado concepto de egoísmo justificado o conformidad (hacer todos los esfuerzos para que todos estén contentos en mi entorno social para evitar las

críticas, los abusos, o el abandono). ¿Os veis más como un indulgente o como un conformista? Explicad.

5. ¿De qué manera afectan vuestras pasiones naturales a vuestra manera de ver a Dios?

Capítulo 4: Una pasión sobrenatural

1. Una verdadera pasión por el Señor se produce solo por la obra del Espíritu Santo en nosotros. Primero, nos revela la terrible verdad en cuanto a nosotros mismos. En este capítulo 4, el autor comparte cinco verdades que tuvo que afrontar de modo particular. Describir cómo habéis afrontado las verdades sobre vosotros mismos que el Espíritu Santo os ha ido revelando.

2. Si estamos dispuestos a enfrentarnos con algunas verdades sobre nosotros mismos, el Espíritu Santo nos concede una visión más clara de Dios. ¿De qué forma vuestra visión de Dios ha sido cambiada al tomar conciencia de la terrible verdad sobre vosotros mismos?

3. ¿De qué maneras habéis experimentado la inmovilidad de la que se habla en este capítulo?

4. Describir una ocasión en la que hayáis experimentado esta expectativa que Crabb describe en este capítulo. ¿De qué manera puede considerarse esta expectativa como un sabor anticipado de lo que será despertarse en el cielo?

5. ¿Qué habéis visto en estos cuatro primeros capítulos del libro que os muestra la importancia de encontrar a Dios? ¿De qué maneras os habéis sentido motivados a buscarle de todo corazón?

Capítulo 5: Un mecanismo seriamente dañado

1. ¿De qué forma os podéis identificar con la descripción que hace el autor de sí mismo?

2. Al examinar detenidamente vuestra relación con Dios ¿os veis como alguien que quiere utilizarle para lograr lo que deseáis o como alguien que desea regocijarse en Él por lo que es? Explicad.

3. ¿En qué medida os afecta la declaración siguiente: "Comparado con el modelo de hombre perfecto, que solo Cristo encarna plenamente, tenemos todos ante nosotros un camino más largo que el que ya hemos recorrido"?

4. Crabb habla de nuestra estructura perversa, esta manera torcida de pensar acerca de Dios, nosotros mismos y otros, que heredamos desde la Caída. Dudar de la bondad de Dios es la piedra angular de esta manera de pensar. ¿Qué os lleva a dudar de la bondad de Dios?

5. ¿Qué os lleva a confiar en la bondad de Dios y os permite crecer?

Capítulo 6: Cuando Dios no se deja encontrar

1. Describir situaciones en las que os ha parecido que Dios era totalmente inalcanzable.

2. El Dr. Crabb escribe: "La vida es completamente imprevisible, totalmente reacia a dejarse esquematizar someramente con un diagrama rectilíneo que obedezca a la ley de la relación causa y efecto". ¿Qué significa? ¿Cuándo os habéis podido identificar con esta manera de describir la vida?

3. ¿Cuál es vuestra respuesta global a este capítulo? ¿Es el autor demasiado pesimista sobre la vida, o representa su manera de pensar una visión necesariamente realista?

4. El Dr. Crabb da tres posibles reacciones ante un Dios que se esconde. Compartir el caso de personas que habéis visto

vivir en "el paraíso de los insensatos" o que habéis visto subirse al "carro de la ayuda psicológica". ¿En qué condiciones la lectura de las Escrituras, la oración y la consejería son respuestas adecuadas ante un Dios que se esconde?

5. ¿Cómo se encuentra vuestra fe cuando todo va bien? ¿Cómo se encuentra vuestra fe cuando es seriamente probada? Comparad y examinad el contraste.

Capítulo 7: El fundamento del racionamiento torcido: La duda acerca de Dios

1. El Dr. Crabb comienza este capítulo con la siguiente declaración: "Hay un defecto fundamental en cada uno de nosotros". ¿De qué manera esta declaración confirma lo que veis y sabéis acerca de vosotros mismos?

2. Explicad, con vuestras propias palabras, la tentación del huerto y cómo cada uno de nosotros es un "desconfiado nato". ¿Estáis de acuerdo con esta explicación o discrepáis?

3. Dudar de la bondad de Dios es la piedra angular de la manera torcida de pensar. ¿En qué medida el hacer preguntas sobre Dios puede ser un acto de arrogancia? ¿Cuándo lo habéis hecho?

4. ¿De qué manera el dudar de la bondad de Dios lleva a confiar en uno mismo? ¿Cuándo habéis dudado de Dios y habéis confiado en vosotros mismos?

5. ¿Hasta qué punto es legítimo buscar la curación mientras estamos en este mundo? Explicad.

Capítulo 8: ¿Por qué Dios no se deja encontrar?

1. ¿Cuándo y cómo habéis manifestado ira contra Dios?

2. Según el autor, ¿por qué este razonamiento torcido resulta ser una gran ofensa contra Dios?

3. El Dr. Crabb nos presenta una ilustración personal describiendo una de las maneras equivocadas de acercarse a Dios. Compartir una ocasión en la que os habéis acercado a Dios de una manera equivocada. ¿Cómo os hubierais podido acercar a Dios de una manera diferente?

4. ¿Qué aprendéis del ejemplo de los israelitas en cuanto a las razones por las cuales Dios no nos va a escuchar?

5. ¿Qué podemos hacer para encontrar a Dios como él quiere que lo encontremos?

Capítulo 9: El fundamento de una sólida construcción: la confianza en Dios

1. ¿Con qué facilidad confiáis en las personas? ¿y en Dios?

2. En este capítulo, Larry Crabb declara que una revolución interior es necesaria para poder desmantelar el razonamiento torcido que albergamos. Para ello es necesario cumplir cuatro condiciones. ¿Por qué pensáis que un sufrimiento bastante intenso juega un papel relevante en cada una de estas condiciones?

3. Describid la experiencia que hayáis tenido cuando pedisteis al Espíritu Santo que os revelara: (1) la maldad en vosotros; (2) la hermosura de Jesucristo.

4. ¿Cómo podéis saber si habéis encontrado a Dios?

5. En un momento de silencio, meditad acerca de lo que sería vuestra vida si se edificara sobre la plena confianza en Dios – "Confío en ti, Dios" – en vez de edificarla sobre la duda. ¿Cuáles son vuestras impresiones?

Capítulo 10: Primer nivel: Os necesito

1. ¿Hasta qué punto Larry Crabb acierta al describir vuestra manera de relacionaros cuando se refiere a nuestra tendencia a necesitar a los demás antes que amarlos?
2. El Dr. Crabb confiesa su penoso ejemplo personal de egocentrismo hasta en el funeral de su hermano. ¿Podríais dar un ejemplo de vuestra naturaleza egocéntrica?
3. La codependencia es un término que se usa mucho en nuestros días. ¿Qué nos explica el autor en cuanto a su causa y a su tratamiento? ¿En qué ocasión tenéis la tendencia a manipular a otros para satisfacer vuestras necesidades?
4. ¿Por qué nuestra capacidad para dar a otros está tan íntimamente ligada a nuestra libertad para confiar en Dios y recibir de Él? ¿De qué manera una visión clara de Jesucristo es vital para aprender a amar a los demás?
5. Meditad sobre la maravillosa gracia de Dios. ¿Qué papel juega esta gracia cuando nos examinamos detenidamente y pedimos al Espíritu Santo que nos revele la maldad que albergamos?

Capítulo 11: Segundo nivel: Os odio

1. ¿Cuándo habéis tenido luchas con el odio hacia alguien? ¿Cómo definiríais esta experiencia?
2. ¿Por qué resulta evidente que si rehusamos pasar del "Os necesito" al "Os doy" desembocaremos en el "Os odio"?
3. ¿En qué manera la declaración: "Unos objetivos que no logran cumplirse engendran ira, sobre todo si pensamos que son indispensables para nuestra supervivencia" explica algunas de las experiencias con la ira que habéis tenido?
4. ¿Qué habéis aprendido en este capítulo que os ayuda a entender vuestra ira?

5. Imaginad lo que sería si pudieseis llegar a tener una confianza en Dios que os librara de exigir que los demás cumplan con vuestras expectativas y os llevase en cambio a compartir con ellos vuestra fe. ¿Cómo sería?

Capítulo 12: Tercer nivel: Me odio

1. ¿En qué ocasiones y de qué forma habéis llegado a odiaros a vosotros mismos?
2. Según Crabb, ¿cuál es el camino que lleva a uno a odiarse a sí mismo? ¿Cuál es el papel que el odio a uno mismo desempeña en nuestra relación con Dios?
3. Meditad sobre la declaración: "La tendencia instintiva de solo confiar en nosotros mismos es una manía, la madre de todas las adicciones. ¿Cómo se refleja esta verdad en vuestra vida?
4. La mayoría de los creyentes en Cristo comparten la creencia de que somos salvos por gracia. Sin embargo, en cuanto a vivir por gracia es otra historia. ¿Qué nos dice el autor sobre el riesgo de caer en una salvación por obras? ¿En qué momento la meta de arreglar vosotros mismos vuestra vida os ha alejado de la búsqueda de la gracia de Dios?
5. Cuando nos damos cuenta de nuestros errores, podemos llegar a odiarnos o a juzgarnos. ¿Cuál es resultado de una auténtica auto-crítica? ¿De qué manera os es posible celebrar de verdad la gracia de Dios?

Capítulo 13: Cuarto nivel: Quiero sobrevivir

1. Al final de capítulo 12, el Dr. Crabb habla de la tremenda presión por mejorar que nos lleva a buscar una manera de sobrevivir. ¿Cuándo resulta ser erróneo el deseo de solucionar nuestros problemas?

2. ¿De qué manera la expresión: "Confía y obedece" resume la verdad de este capítulo?

3. En el Antiguo Testamento, los judíos se valieron de la ironía contra Dios y acabaron por llamar bienaventurados a los soberbios (Mal 3.15). ¿Qué significa está expresión? ¿Qué nos lleva a tener un espíritu de desprecio?

4. En vuestras propias palabras, ¿qué significa "Bienaventurados los pobres en espíritu"? Mencionad una circunstancia determinada en la que necesitáis ser "pobre en espíritu."

5. El autor sugería la posibilidad de que su capacidad para reflexionar hubiera llegado a ser su dios. En vuestro caso, ¿cuáles son vuestros dioses (las cosas que os hacen pensar que tenéis lo que necesitáis para tener éxito)?

Capítulo 14: Quinto nivel: He aquí como sobreviviré

1. El quinto nivel de nuestro razonamiento torcido consiste en apañárnoslas para poder sobrevivir por nosotros mismos. El autor define en el principio de este capítulo lo que llama "estilo de relación". ¿Cómo describiríais vuestro estilo de relación?

2. Sigue explicando que nuestro estilo relacional refleja bien nuestra naturaleza caída, bien nuestra redención. Explicad lo que significa para vosotros.

3. ¿Sois sensibles a vuestro propio estilo relacional? ¿De qué manera os habéis protegido mediante vuestro estilo relacional? ¿De qué forma os habéis podido dar a los demás mediante vuestro estilo relacional?

4. Volved a leer la historia de Cristina. Luego seguid pensando en vuestro propio estilo relacional. ¿Cómo podríais cambiar vuestro estilo relacional de manera que se

fundamente en la estructura adecuada en vez de en la estructura caída?

5. No hay nada más importante que la forma de relacionarse con Dios y con los demás. Pensad en la estructura caída y en la estructura adecuada como se definen en el resumen. Analizad ambos diagramas. ¿Cómo se va desarrollando cada uno? ¿Qué efectos tienen sobre nuestro modo de relacionarnos con Dios y con los demás?

Capítulo 15: *Las tinieblas antes de la luz*

1. Repasando el capítulo anterior, ¿qué es lo que más os ha impactado de los obstáculos en la búsqueda de Dios?
2. ¿Qué supone para vosotros que el camino para encontrar a Dios nos haga pasar por tinieblas antes de llevarnos a la luz?
3. ¿Cuál ha sido vuestra experiencia con las tinieblas?
4. Al pensar en vuestras propias experiencias con las tinieblas, ¿cuáles son los elementos del diario del autor que son relevantes para vosotros?
5. Al final de este capítulo, el Dr. Crabb comenta que necesitamos hacer tres cosas para socavar la estructura caída: (1) enfrentarnos con nuestro impacto sobre otros; (2) enfrentarnos con el daño que nos han hecho otros; y (3) enfrentarnos con nuestra actitud hacia Dios. ¿De qué modo os ayudan estas tres cosas a socavar vuestra estructura caída?

Capítulo 16: *Los errores más frecuentes*

1. Según el primer párrafo, ¿cómo encontramos a Dios? ¿Qué os parece fácil o difícil para desarrollar vuestra confianza en Dios?
2. Crabb dice que al intentar encontrar a Dios cometemos un error fundamental de los dos posibles. El primero es dar vueltas alrededor de nuestros problemas. ¿Por qué es malo esto?

3. ¿En qué condiciones el estudio de la Biblia y la oración no son otra cosa que dar vueltas alrededor de nuestros problemas?

4. El segundo error fundamental es quedarse absortos en nuestros problemas. ¿Cuáles son los efectos de este otro desacierto?

5. ¿Cuál es el error en el que caéis más fácilmente?

Capítulo 17: Nuestras buenas pasiones son demasiado débiles

1. ¿Qué os sugiere la palabra pasión?

2. Jeremías 29. 13-14 dice: "Me buscaréis y me hallaréis, porque me buscaréis de todo corazón. Me dejaré encontrar por vosotros, dice Jehová." ¿Qué pensáis que quiere decir buscar al Señor de todo corazón?

3. En vez de intentar debilitar las malas pasiones, Crabb declara que deberíamos actuar para fortalecer las buenas pasiones. ¿Qué supone esto último?

4. ¿Estáis de acuerdo con la afirmación: "Si vivo de manera responsable seré bendecido"? Explicad.

5. ¿Qué elementos de este capítulo han suscitado una lucha interior en vosotros – sea productiva o improductiva?

Capítulo 18: La naturaleza de las pasiones buenas y malas: contrarrestar las malas y dar vía libre a las buenas

1. En la primera frase de este capítulo, Larry Crabb: "Debemos recuperar un amor apasionado por Dios si no, no sabremos lo que significa vivir de verdad" se parece mucho a lo que dice Pablo en Filipenses 1.21: "Para mí el vivir es Cristo." ¿Cómo

describiríais vuestra pasión por Dios en este momento de vuestra vida? ¿Cuál es vuestra fuente de vida?

2. Crabb afirma que las malas pasiones están profundamente arraigadas en nosotros. Comparad y enfrentad vuestras "malas pasiones" con la descripción que hace el autor en el principio de este capítulo.

3. ¿Estáis de acuerdo o en desacuerdo con la declaración siguiente: "Toda persona rescatada siente el deseo de ver a otros recuperar su unidad y su integridad profundas, de desarrollarse para poder dar"? Comentad.

4. Pensando en contrarrestar las malas pasiones y dar vía libre a las buenas pasiones, el Dr. Crabb sugiere varias cosas: Las malas pasiones se pueden disfrazar de buenas. El primer paso para ser guiado por buenas pasiones es decidir agradar a Dios de manera consciente. La medida de lo que nos gobierna no es la pasión más fuerte, sino la pasión a la que nos sometemos. ¿Cómo reaccionáis ante cada una de estas declaraciones?

5. Al final de este capítulo y del capítulo 15, el autor nos anima a aprender a contar la historia de nuestra vida – el impacto que dejamos sobre otros, las heridas que hemos recibido de otros, lo que sentimos acerca de Dios – para contrarrestar las actitudes y prácticas pecaminosas que seguimos arrastrando. ¿Qué os parece la idea de contar vuestra historia a otros? Describid alguna ocasión en la que habéis podido hacerlo. ¿Cómo os afectó?

Capítulo 19: Contar la historia de nuestra vida

1. Con total honestidad, ¿cómo contestáis a la pregunta: "¿Es Dios bueno de verdad?"

2. Cuando sentimos rabia ante Dios, nos contesta con una invitación: "vivir como él vivió, dar, ser, y adorar". Según lo que conocéis acerca de Jesús y lo que el autor escribe sobre

él, ¿cómo vivía Jesús? ¿Cómo podéis vivir como él vivió en determinadas áreas?

3. Pensad en quién es Dios. ¿Qué aspecto de su persona te lleva a querer adorarle?

4. La comunión fraternal en su sentido más auténtico es vital para llegar a encontrar a Dios a través de nuestros problemas. En la mayor parte de este capítulo, el autor comenta el aspecto comunitario. ¿Qué aprendéis sobre la comunión cristiana? ¿Por qué es tan importante?

5. Al reflexionar sobre vuestra experiencia de comunión fraternal, ¿qué os sugieren los pensamientos y las ideas de Crabb?

Capítulo 20: Historias que molestan y que atraen

1. Contar su historia significa en primer lugar presentar nuestra historia presente. ¿Cuál es el motivo por el que lo hacemos y que implica? ¿Por qué pensáis que el deseo de conocer a Dios como perdonador y capacitador crece en vosotros a medida que contáis vuestra historia presente?

2. Explicad lo que implica contar vuestra historia interior. ¿Por qué el deseo de conocer a Dios como protector y liberador crece en vosotros a medida que contáis vuestra historia interior?

3. Pensad en vuestra historia más profunda. Contestad a las cuatro preguntas dadas para orientar vuestra reflexión. Compartid vuestra historia profunda hasta donde queráis abriros.

4. ¿Cómo pensáis que sería poder contar libremente vuestra historia en su totalidad?

5. ¿Por qué pensáis que experimentar la vida comunitaria mediante el relato de nuestras historias nos ofrecerá destellos de gloria?

Capítulo 21: De vuelta a casa

1. ¿Qué opináis sobre la siguiente pregunta del Dr. Crabb: "¿Podría ser que un determinado aspecto del conocimiento de Cristo os permita entender y afrontar todas las raíces de los problemas con los que lucháis?"
2. Pensando en la expresión "sentados en el salón con Dios, escuchando las historias de Jesús", ¿cuáles son las verdades sobre Cristo que apreciáis particularmente?
3. Cuando tenéis que subir a la "buhardilla", ¿cuáles son las precauciones que debéis tomar para aseguraros la vuelta al "salón" para escuchar más historias sobre Jesús?
4. Mirad atentamente las exhortaciones y las advertencias de la segunda parte de este último capítulo. ¿Cuáles son las que mejor se adecuan a vuestras mayores necesidades en la actualidad? Explicad.
5. Al repasar esta sección: "El camino hasta encontrar a Dios", ¿qué os motiva para seguir adelante en este camino?

Epílogo

1. ¿Cuáles son vuestras impresiones generales sobre las ideas de este libro?
2. ¿Con qué estáis de acuerdo en este libro? ¿Sobre qué disentís?
3. ¿Os ha costado entender o aplicar a vuestra vida ciertos conceptos de este libro?
4. ¿De qué modo este libro os ha ayudado en vuestro viaje para encontrar a Dios? ¿De qué modo este libro os ha sido un estorbo en vuestro viaje para encontrar a Dios?
5. ¿Cómo desearíais aplicar las verdades de este libro a vuestra vida en aspectos concretos?
6. ¿Cuál es el aspecto de la persona de Dios que más os fascina?

Made in the USA
Monee, IL
08 July 2026

56682724R00144